돈, 피, 혁명

경제와 과학의
특별한 지적 융합

돈

Money, Blood and Revolution

피

혁명

조지 쿠퍼 George Cooper 지음
송경모 감수
PLS번역 옮김

유아이북스
For The Ultimate Information

돈, 피, 혁명

1판 1쇄 인쇄 2015년 3월 25일
1판 1쇄 발행 2015년 3월 30일

지은이 조지 쿠퍼
감수 송경모
옮긴이 PLS번역
펴낸이 이윤규

펴낸곳 유아이북스
출판등록 2012년 4월 2일
주소 서울시 용산구 효창원로 64길 6
전화 (02) 704-2521
팩스 (02) 715-3536
이메일 uibooks@uibooks.co.kr

ISBN 978-89-98156-38-1 03320

값 15,000원

Part2
경제학

Contents

경제학은 어디서부터 잘못됐을까

약 500년 전, 오늘날 폴란드 북부에 해당하는 어떤 시골 마을의 성당 중급 관리 한 명이 우주의 움직임을 이해하는 새로운 방식을 상상해 냈다. 코페르니쿠스 이전에 사람들은 우주의 중심에 지구가 고정된 채로 태양과 별들이 그 주위를 돌고 있다고 생각했다. 코페르니쿠스 이후에 사람들은 지구가 별 특별할 것 없는, 한 행성의 주위를 도는 여러 작은 행성 중 하나일 뿐이라는 사실을 알게 되었다.

점성술을 천문학으로 변화시킨 코페르니쿠스의 발견은 무척 중요한 사건이지만 그가 우주를 어떤 방식으로 사고했는가는 더욱 중요하다. 그는 우리에게 과학하는 방법을 가르쳐 준 것이다. 그는 복잡한 문제에 있어 단순하게 답을 찾아야 한다는 것과 상상력을 활용하는 일이 얼마나 중요한지를 보여 주었다.

코페르니쿠스는 확실히 과학혁명의 선두 주자였다. 그렇다고 마지막 주자는 아니었다. 그가 등장한 이후, 그의 행보를 따르는 사람들이 끝없이 등장했기 때문이다. 이후의 혁명적 모방자들은 코페르니쿠스의 과학적 방법론을 차용해서 놀라울 만큼 비슷한 방법으로 상상의 기술을 발휘하면서 각자의 전문 분야를 '과학'으로 탈바꿈시켰다.

찰스 1세의 주치의였던 윌리엄 하비William Harvey는 몸속 피의 흐름을 새로운 관점에서 다시 상상했다. 그로 인해 인간의 신체는 더욱 이해하기 쉬워졌고, 이에 따라 약학은 미신의 영역에서 과학의 한 분야로 재탄생했다.

찰스 다윈Charles Darwin과 앨프리드 월리스Alfred Wallace가 종의 진화를 상상해 냄으로써 근대의 과학적 생물학이 탄생했다.

알프레트 베게너Alfred Wegener는 지구의 움직임을 다른 방식으로 상상했다. 모든 대륙이 계속 떠다니며 이동하는 모습을 머릿속에 그렸다. 그의 이론은 그동안 있었던 지질학계의 혼란을 잠재우고 지질학을 과학의 영역으로 발전시켰다.

이 책의 첫 부분에서는 이들 네 분야에서 일어난 거대한 과학혁명을 다룬다. 즉, 왜 당시에 그러한 혁명이 반드시 필요했고 그런 일들이 어떤 방식으로 일어났는지에 대해서다. 코페르니쿠스를 비롯하여 윌리엄 하비, 다윈, 베게너의 비결을 소개할 것이다. 이 위대한 인물들은 한결같이 비슷한 방식으로 연구를 했다.

두 번째 부분은 경제학에 관련된 것이다. 우선, 혁명 이전 혼란기의 천문학, 약학, 생물학, 지질학과 현재 혼란기를 겪고 있는 경제학의 유사점이 나온다. 혼란에 처한 경제학의 해답을 위대한 과학혁명가들에게서 찾으려는 시도다. 더불어 경제학이 진정한 과학의 영역으로 거듭나기 위해 시도해 볼 만한 새로운 방법이 제시된다.

과학혁명의 역사를 보면, 한 분야의 오랜 전문가들은 새로운 생각에 우선 거부반응을 보인다. 때문에 아직 어린 학생들이나 그 분야에 관심을 둔 일반인들이 먼저 새로운 관점을 수용한다. 그 새로운 생각으로 해당 분야를 더욱 쉽게 이해할 수만 있다면, 이런 일은 당연한 것이다. 구질서의 저항에도 불구하고 새로운 생각을 추진해 나가는 것은 바로 이런 사람들의 몫이었음을 역사가 증명한다. 그런 이유로 나는 전문 경제학자가 아니라 일반인들을 훨씬 염두에 두고 이 책을 썼다.

나는 제7장의 내용이 가장 어렵다는 말을 사람들에게 들었다. 하지만 독자들이 이 부분에서 주저앉지 않기를 진심으로 바란다. 제7장은 서로 경쟁하는 여러 경제학파들 가운데 일부 중요한 학파의 주장을 간략히 요약한 것이다. 혼돈 속에 있는 오늘날의 경제학을 전체적으로 조망하는 일은 다소 어렵다. 만약 제7장을 읽으면서 골치가 좀 아팠다면, 사실은 그 내용을 아주 잘 이해한 것이라고 봐도 된다. 내 계획대로라면, 다음 장부터는 그러한 혼란스러움이 서서히 정리되기 시작할 것이다.

이 책은 우리의 경제 상황을 이해할 만한 더 나은 방법을 찾는 데 목적을 둔다. 현 경제체제를 급격히 바꾸자는 게 아니다. 이 책에서 어떤 극단적인 아이디어를 기대하는 독자라면 실망할 것이다. 만약 이 책을 쓰게 된 두 번째의 목적이 있다면 그것은 오늘날 주류 경제 이론들 사이에 숨겨진 극단적인 생각들로부터 현 경제체제를 보호하는 데에 도움을 주려는 것이라 하겠다.

개인적인 생각을 덧붙이자면, 내가 이 책을 쓰게끔 해준 딸들에게 감사하고 싶다. 애초에 이 책을 쓰게 된 계기는 몇 년 전 딸들이 학교에서 수강할 과목에 대해 함께 이야기한 것이 발단이었기 때문이다. 당시 딸들은 나에게 경제학을 공부하려고 하는데 어떻겠냐고 물어왔고, 나는 시큰둥하게 대답했다. 아마 당시에 이런 식으로 말했던 기억이 난다. "경제학은 혼란스러운 학문이며 세상을 보는 잘못된 시각만을 배울 뿐"이라고 말이다. 뒤이어 딸들은 이런 질문을 던졌다.

"경제학이 뭐가 어째서 문제라는 거죠?"

그 질문에 답을 함과 동시에 약간의 과학 이야기를 같이 풀어쓴 것이 바로 이 책이다. 딸을 위해 쓴 것이기도 하지만, 여러분에게도 흥미로운 내용이기를 바란다.

조지 쿠퍼

경제는 학문이 아닌 현실이다

의사의 사명은 환자를 진단하고 치료하는 데에 있다. 경제학의 사명 역시 현실 경제를 제대로 진단하고 치료하는 방법을 연구하는 데에 있다. 그렇다면 오늘날의 경제학은 어떠한가? 과연 사명에 충실한 역할을 하고 있는가?

경제학자들은 늘 나름의 진단을 하고 대책을 이야기하지만, 서로 일관성 없는 주장들이 난무하여 좀처럼 갈피를 잡기가 어렵다. 그중 어느 조언을 따르더라도 효과를 발휘하는 경우는 최근 그리 많지 않은 것 같다.

경제학자들의 주장이 외견상으로는 대단히 심오한 인상을 주고, 또 부분적으로는 다 이치에 들어맞는 것처럼 들리지만, 현실에서는 별로 약효가 없다. 과거 몇몇 대가들의 패러다임으로 잠시 통했던 산업정책, 재정정책, 통화정책 등이 지금은 잘 통하고 있지 않기 때문이다. 시장 참가자들은 마치 비웃기라도 하듯 변신變身과 번의飜意를 거듭하며 정책을 피해 다닌다.

2015년 초에 한국경제학회에서 특별 연설을 한 박우희 서울대학교 명예교수는 이렇게 말했다.

"현재의 경제학이 거친 바다에서 고기를 잡는 법이 아니라 개울에서 붕어를 잡는 법을 아주 복잡하게 알려주는 수준이다."

현대 경제학의 위기 상황에 우려를 비유적으로 표명한 것이다. 동시에 경제학자들이 합리적 개인의 가정에 바탕을 둔 수학 모형의 좁은 시야를 극복하고, 역사, 철학, 심리, 인지과학, 생물학 등의 다양한 시각을 수용해 경제 현실을 원점에서부터 다시 조명함으로써 새로운 패러다임을 모색할 필요성을 강조했다.

경제학계 내부에서 일어난 이런 진지한 반성 요청에도 불구하고, 기존의 연구 방법론에 익숙한 경제학자들은 오랜 사고의 습관을 쉽게 바꾸려 하지 않았다. 누구든 어떤 대상의 내부에만 갇혀 있으면 그 대상을 객관적으로 보기가 어렵다. 오히려 내부자보다 외부자가 감지하기 어려운 위기 사태를 선명히 볼 수 있다.

본서는 그런 문제의식에서 출발했다. 더욱이 저자의 특이한 경력과 관심사가 감수자의 그것과 유사하다는 사실을 알게 되었다. 감수자는 진화경제학을, 저자는 물리학과 제어계측공학을 전공했다는 출발점의 차이가 있지만, 둘 다 현업에서 증권 분석과 투자 금융 분야에 종사했다는 공통점이 있었다. 그리고 공교롭게도 감수자는 2007년 브라더스가 붕괴하기 이전에 금융위기를 미리 진단했던 모리스C.R.Morris의《미국은 왜 신용불량 국가가 되었을까?Trillion Dollar Meltdown》을 번역했고, 저자는 이어서《민스키의 눈으로 본 금융위기의 기원The Origin of Financial Crisis》이라는 책으로 국내 독자에게 알려진 계기가 됐다.

무엇보다도 다윈Charles R. Darwin의 진화론 패러다임을 세계 해석의 중요한 시각으로 받아들이고 있다는 점이 일치했기 때문에 더욱 기뻤다. 그래서 보다 진지하게 감수에 임했다. 감수자의 지식과 역량이 허용하는 범위 내에서, 저자가 표현하고자 했던 내용이 과학철학과 경제학 지식이 반영된 적절한 우리말로 옮겨지고 있는지를 점검하고 바로잡으려 노력했다.

이 책에서 저자가 경제학 위기설을 쿤Thomas S. Kuhn의 과학혁명 관점에서 제기한 점에서 경제학자들은 동의하기 어려울지도 모른다. 그리고 다윈의 진화론과 하비William Harvey의 혈액순환론에 근거하여 정치와 경제 현상을 통합하여 들여다보려는 시각에 대해서 참신하다고 생각할 사람도 있고, 그다지 새로울 게 없다고 느끼는 사람도 있을 것이다. 그러나 저자가 말했듯이 새로운 사실들을 찾아내는 일이 중요한 것이 아니라 이미 일어나고 있던 사실들을 새로운 관점에서 바라보는 일이 중요하다.

저자는 평이하면서도 명료한 스케치로 과거의 경제학설이 지닌 여러 특징을 요약하고 자신이 바라보는 경제의 작동 원리를 설명하고 있다. 익숙한 현상 속에서 이렇게 다른 시각으로 쉽게 설명할 수 있다는 것을 독자가 발견하고 기쁨을 느낀다면 더할 나위 없겠다. 설령 독자가 거부감이 든다 하더라도 한 발 물러서서 지금까지 미처 생각하지 못했던 경제 해석의 실마리 하나라도 찾아낼 수 있기 바란다.

이 책은 전통적인 경제학에만 익숙해 있던 독자들에게는 신선한 충격이 될지도 모른다. 더 나아가 여기에서 실마리를 얻은 누군가 행여 미래의 새로운 경제학을 건설하는 주역의 한 사람이 될 수만 있다면 감수자는 큰 보람을 느낄 것이다.

2015년 3월

송경모

1

시작하며:

고장 난 과학

"올바른 진술의 반대는 그릇된 진술이다.
하지만 심오한 진실의 반대는 또 다른 심오한 진실일지 모른다."

닐스 보어Niels Bohr, 1885~1962

지금 추락하느냐
나중에 추락하느냐? ─────

다음과 같은 상황을 가정해 보자. 당신은 대서양을 가로지르는 항공기의 기장이다. 그런데 당신에게 두 개의 항공기를 선택할 기회가 주어졌다.

첫 번째 항공기는 케인스Keynes[1]가 수석 엔지니어로서 설계했고, 나머지 하나는 하이에크Hayek[2]가 준비했다.

어떤 상황이건 당신은 이 둘 중에 하나를 선택해야 한다. 그렇기 때문에 자연스럽게 두 엔지니어에게 조언을 구하려고 한다. 케인스는 하이에크의 항공기는 이륙 시에 추락할 것이기 때문에 자신의 항공기를 선택하라고 한다. 그러나 하이에크는 근거가 있는 설명을 들어 케인스의 비행기는 착륙 시에 추락할 것이라며 자신의 항공기를 고르라고 설득한다.

난감해진 당신은 어떤 항공기를 선택할지 몰라하고 있다. 그러던 중 당신은 그 분야에서 최고로 손꼽히는 두 명의 전문가인 칼 마르크스Karl Marx와 애덤 스미스Adam Smith에게 조언을 구한다.

마르크스는 어차피 두 항공기 모두 처참하게 망가질테니, 어떤 항공기를 선택하든 상관없다고 말한다. 반면, 스미스는 당신이 선택한 항공기가 스스로 알아서 날도록 놓아두는 한 상관이 없다고 다시금 안심시켜줄 것이다.

---

1) 경제활동에 있어 정부의 개입을 주장한 대표적인 경제학자다. 시장주의를 비판함과 동시에 대공황을 해결하기 위해 시장에서 상품의 투자와 소비 수요를 높여야 한다는 이른바 유효수요이론을 제시했다. ─ 역자 주
2) 오스트리아 태생의 영국 경제학자로서 자유주의 경제학의 태두이며 계획경제에 반대했다. ─ 역자 주

이러한 시나리오는 말도 안 되는 것처럼 보이지만, 최근 경제 위기의 여파로 정책 당국자들이 마주하게 된 상황과 다를 바 없다.

경제 위기의 결과, 실업 급여와 구제금융 비용은 크게 증가하면서 정부 지출이 치솟아 올랐다. 반면 조세 수입은 급감했다. 자본이득과 수익이 크게 줄었기 때문이다. 조세 수입은 감소하고 지출이 계속 늘어나자 세계 각국의 예산적자와 국가채무 증가속도는 나날이 빨라지고 있다.

경제성장을 우선시하는 부양론자들은 정부 부채 비중이 높아지더라도 정책 입안자들이 정부 지출을 더욱 늘려야 한다고 주장했다. 반면 경제의 내실을 중시하는 긴축론자들은 정부의 지출을 줄임으로써 정부 부채를 감소시켜야 한다는 정반대의 충고를 했다. 그럼에도 불구하고 두 진영의 논자들 모두 몇 조 달러에 달하는 규모의 자금을 금융 시장에 투입하는 정책에 대해서는 반대하지 않았다.

부양론자들은 긴축정책이 오히려 경제 위축의 악순환을 거치면서 경제 파탄을 불러일으킬 것이라고 설명했다. 즉, 항공기가 이륙 시에 추락하는 것과 같다는 주장이다. 반면 긴축론자들은 과도한 부채가 애초에 재정위기를 초래했으니, 빚을 더 내는 것은 불가피하게 경제파탄을 초래할 것이라고 설명했다. 즉, 착륙 시 추락하는 것과 같다는 주장이다.

시나리오 속 기장은 적어도 둘 중 어떤 항공기도 타지 않을 수 있는 선택권이 있다. 하지만 정책 당국자들은 불행하게도 두 선택권을 다 포기할 여지가 없었다. 엄밀히 말하면 선택했다기보다는 선택 당했다고 해야겠지만, 그리스나 스페인, 포르투갈, 아일랜드와 같은 나라들은 최근 금융위기의 해법으로 긴축을 선택했다. 미국과 일본을 비롯한 나라들은 부양을 택했다. 영국은 특이하게도 말로는 긴축 재정을 택했다고 하지만 실제로는 부양책을 취했다.

그러다가 결국 긴축을 선택한 나라들의 경제가 붕괴되는 모습을 보면서 부양론자들은 승리를 외치고 있다. 그리스와 스페인에서는 이미 실업률이 30%에 육박했고, 청년층의 실업률은 이보다 훨씬 높다. 완전한 경기 침체의 상태에 접어들었다고 해도 과언이 아닐 것이다.

그렇다고 부양정책을 채택한 나라들이 성공했을까. 그들은 빚이 부담스럽게 불어나지 않기만을 바라며 여전히 활주로를 질주하고 있다. 활주로의 끝에 닿기 전에 성공적으로 이륙할 수 있을지 아무도 확신할 수 없다. 어쩌면 지금의 상대적인 성공조차 곧 안타깝게 끝나버릴지도 모를 일이다.

큰 정부, 작은 정부, 아니면 둘 다?

2008년 세계 금융위기 이전에는 근대 경제가 어떻게 작동하는지, 어떻게 관리되어야 하는지에 대한 합의는 거의 만장일치였다. 대부분의 경제학자들은 효율적인 시장의 자유방임주의를 지지하는 쪽으로 자문해 왔다.

자유방임주의 사상에서 보면 기민하게 움직이는 민간 시장은 적어도 덩칫값을 못하는 정부보다는 효율적이다. 정부는 민간 부문보다 자금을 비효율적으로 운용함으로써 스스로 가치를 낮췄다. 특히 세금이란 요소는 민간 부문의 활력소라고 할 수 있는 기업가 정신을 왜곡하고 저해하는 역할을 했다. 이렇게 보면 정부 규제는 본래 효율적으로 운영되는 안정적인 자유시장주의를 방해하기만 할 뿐이었다. 때문에 정부의 역할은 민간 부문이 활약하도록 조금 물러서 주는 것이어야 했다. 그래서 경제 전문가들은 경제가 최적의 상태로 작동하기 위해 작은 정부, 낮은 세금, 규제 완화가 필요하다고 처방했다. 이를 달리 표현하자면 그들은 정부에 관망론적 입장[3]을 취하라고 요청한 것이다.

2008년 금융위기가 발생하기 30년 전에는 미국과 영국을 위시한 서방 선진국 정부들은 이러한 경제학자들의 조언을 충실히 따랐다. 세금이 줄어들고 정부 규제는 완화되었으며 민간 부문은 최대한 정부의 간섭 없이 자유롭게 활동할 수 있게 되었다. 나아가 퍼주기식 대출까지 만연하게 됐다. 하지만 이렇듯 작은 정부가 이룩하는 효율적 시장의 논리말고도 이야기는 아직 절반이나 더 남아있다.

경제학자들은 작은 정부를 제창하면서 다른 한편으로 경제활동을 통제하기 위한 통화정책이 요구된다고 주장했다. 특히, 경제성장이 불충분해 보일 때마다 시장의 차입을 늘리기 위해 통화정책이 완화되어야 한다고 강조한 것이다. 이러한 통화정책을 통해 모든 경제문제를 해결하는 임무를 맡고 있는 중앙은행들은 금융 세계의 별로 떠올랐다.

사실상 학계는 한 입으로 두말을 하고 있었다.

자유방임주의의 효율적인 시장 논리는 정부가 경제를 관리하지 말고

---

3) 온건한 방관(benign neglect)이라고도 한다. — 역자 주

옆으로 빠져있으라고 요구한 반면, 적극적인 통화정책 논리는 그 어느 때보다 강력하게 경제를 관리할 것을 요구했던 것이다. 물론 실제의 거시경제 통화정책은, 적어도 명목상으로는 독립성을 유지하는 것으로 되어 있는 중앙은행을 통해 수행되었다. 중앙은행의 독립성은 적극적인 통화정책과 최소한의 정부간섭을 동시에 옹호해야 하는 난감한 상황을 덮으려는 일종의 눈속임에 불과했다. 이러한 모순은 누가 보기에도 뻔히 드러나 보이는 것이었다.

이것은 정부가 민간 부문의 대출 규제를 완화함과 동시에 대출 한도를 무제한으로 풀기 위해 통화정책을 집행하는 안타까운 상황이었다. 이렇게 큰 정부의 경제정책이 작은 정부의 정책과 괴상하게 결합된 결과, 역사상 가장 큰 신용버블credit bubble이 등장했다. 이 신용버블은 2008년에 붕괴됨과 동시에 사상 초유의 세계 금융위기를 불러왔다.

악의적 방관으로부터
정책 마비로

이런 위기 상황을 초래한 경제 이론과 정책들에 대한 대대적인 재평가가 이루어졌어야 옳다. 안타깝게도 그런 일은 일어나지 않았다. 금융위기가 세상을 뒤흔들어 놓은 지 시간이 꽤 지난 지금, 과연 무엇이 달라졌다고 할 수 있을 것인가?

금융 체계와 시장의 규제 면에 있어 약간의 조치가 취해지기는 했지만 적어도 필자가 보기에 이것은 겉치레요법에 불과하다. 전체적인 체계를 변화시키는 데에는 역부족인 것처럼 보인다. 놀라운 것은 금융위기가 발생하기까지 통화정책이 어떤 식으로 구사되었는지 따져보려는 일말의 노력도 없었다. 오히려 세계 각국의 중앙은행들은 수조 달러의 양적완화정책으로 자본시장 내에서 레버리지를 확대하기 위해 그 어느 때보다도 노력을 기울였다. 알코올 중독자에게 위스키 마시는 양을 더 늘리라고 조언하는 의사는 없을 것이다. 하지만 위기 직후 여러 국가의 통화정책은 마치 하나의 부채버블debt bubble을 또 다른 거대한 부채버블로 덮어버리려는 듯이 보인다.

어쩌다가 이런 기가 막힌 상황까지 오게 되었는지 따져봐야 한다. 우리는 역사상 최대의 금융위기가 발생한 이후, 어째서 애초에 그 위기를 초래한 바로 그 금융정책에서 벗어나지 못하고 있을까?

금융위기를 초래하고 그 이후의 정책 개혁에 실패한 원인을 한 개인이나 단체에 돌리기는 쉽다. 하지만 그래보았자 헛수고에 불과하다. 위기를 일으킨 진짜 원인은 경제 '과학'science of economics 그 자체에 있는 것일 지도 모르기 때문이다.

국제 금융위기 이전에는 경제 전문가들 사이에서 경제 관리시스템에 대해, 비록 다소 오도하는 면은 있었지만 광범위한 합의가 존재했다. 하지만 금융위기 이후는 달랐다. 많은 주류 경제학자들이 공공연하게 상대의 의견에 반대의견을 표명하고 서로 극명하게 상반되는 정책들을 내놓기 시작하면서 기존에 존재하던 편리한 합의점은 조각조각 갈라졌다. 폴 크루그먼Paul Krugman과 니얼 퍼거슨Niall Ferguson의 팽팽한 격론으로 대표되는 부양론자와 긴축론자의 오랜 대립은 이러한 불화를 단적으로 보여주는 전형적인 예다.

노벨상 수상자인 경제학자 폴 크루그먼과 하버드의 역사학자 니얼 퍼거슨은 금융위기를 타개하는 방법에 대해 오랜 기간 논쟁하고 있다. '저명하신' 두 분의 학력으로 말하자면 흠잡을 데가 없다. 둘 다 명석하고 말솜씨가 뛰어나며 청중을 설득하는 힘이 있고, 각자 자신의 입장을 대표하는 논리를 탄탄히 갖추었다. 그럼에도 불구하고 그들은 정반대의 정책을 옹호하고 있다. 정부 지출을 늘려야 한다는 크루그먼과 정부 지출을 줄여야 한다는 퍼거슨의 입장이 팽팽히 대립하고 있는 것이다.

이러한 크루그먼 대 퍼거슨의 대립을 우리는 단순히 두 학자의 에고ego가 충돌하는 것으로 치부해선 안 된다.

첫째, 이것은 단순히 두 사람의 논쟁이 아니다. 경제학 전반에 걸친 균열의 공공연한 표출이라고 봐야 할 것이다.

둘째, 이 논쟁은 학계에만 국한되는 것이 아니다. 최근 미국에서 국가부채한도의 증액 문제를 놓고 공화당과 민주당의 논쟁이 일었다. 이로 인해 미국연방정부가 일시 폐쇄되는 사태, 즉 연방정부 셧다운shutdown이 발생하기도 했다. 연방정부 셧다운의 중심에는 크루그먼과 퍼거슨 사이에서 진행되고 있는 긴축 대 부양의 논쟁이 있었다. 유럽에서도 마찬가지로, 긴축정책으로 인해 고통받고 있는 남부 국가들과 독일을 위시한 긴축지지 국가들 사이에 정책의 골이 깊어지고 있다.

국제 금융위기에 이은 긴축과 부양 간의 대립이 발생한 지 수년이 지났지만, 크루그먼과 퍼거슨은 서로에게 약간의 타격만을 가했을 뿐이다. 아직 어느 누구도 상대를 녹아웃 시키고 이 논쟁을 종결시킬 강력한 펀치를 날리지는 못했다. 그들 각각의 입장은 그 어느 때보다도 확고한 듯 보인다. 마찬가지로 공화당과 민주당 사이의 균열은 더욱 깊어졌다.

정책 입안자들 사이에도 유사한 교착상태가 일어나고 있다. 획기적인 돌파구를 찾지 못해 과거의 경제정책과 통화정책들을 그대로 반복하고 있는 것이다. 결과적으로 오늘날의 정책 환경은 금융위기 이전과 크게 다르지 않다. 그저 국제 금융위기를 전후해 경제 전문가들은 안일함에서 혼돈으로, 통화정책은 방관에서 마비의 상태로 변했을 뿐이다.

자기모순에 빠져 있는 진실들

객관적으로만 보면, 긴축론자와 부양론자의 주장은 둘 다 꽤 설득력이 있다. 폴 크루그먼이 제기한 긴축정책의 절망적인 결과에 대한 경고는 결국 옳았다. 남유럽에는 정부의 갑작스러운 재정정책의 변화로 인해 인생이 엉망이 되어버린 수백만 명의 청년 실업자들이 생겨났다. 위기를 초래한 바로 그 정책이 위기 타파의 해결책이 될 수는 없다고 주장한 니얼 퍼거슨도 마찬가지로 옳았다.

지금 이 순간 재정 지출 확대를 추구하는 국가들은 경제가 성장하는 속도보다 더 빠른 속도로 부채를 늘려가고 있다. 경제성장률이 부채 성장률과 비교하여 현저히 상승하지 않는 이상, 산술 법칙상 불가피하게 채무불이행으로 이어지거나 채무상환을 위해 정부가 돈을 찍어내야만 하는 상황에 이르게 된다.

여기서 불편한 진실을 하나 짚고 넘어가야 한다. 성장 추구 정책으로 당장의 고통을 완화할 수는 있었지만 위기 극복에 필요한 성장을 일구어내지는 못했다. 결과적으로 위기 극복에 필요한 자금을 스스로 창출해 낼 수도 없었고 지속가능성도 이룰 수 없었다.

정책 당국자들이 위기를 제대로 타파할 방법을 강구해 내지 못하고 있다는 사실은 개탄할 만하다. 하지만 그들이 처한 곤경을 이해 못 할 바는 아니다. 그들은 대부분의 정책 조언을 다름 아닌 경제학자들에게서 구하고 있다. 문제는 경제학자들에게서 듣는 조언은 서로 앞뒤가 안 맞는 경우가 많다는 것이다. 때문에 이러한 경제 '과학'을 통해서 크루그먼 대 퍼거슨의 논쟁을 해결하거나 정책 입안자에게 일관성 있는 지침을 주기엔 무리인 것으로 보인다.

이 책에서는 금융위기 이전에 정책 입안자들을 실패로 이끌어 경제의 위기를 초래한 경제학과 금융위기 이후에도 아무런 도움을 주지 못하는 경제학을 면밀히 파헤칠 예정이다. 경제에 위기를 몰고 온 범인은 바로 경제 '과학' 안에 있다.

우리에게 주어진
흥미로운 과제

　금융위기 이전에 주류 학자들은 통화정책에서는 이구동성으로 큰 정부를 요구하면서, 과세와 규제, 지출 등 통화를 제외한 대부분의 분야에서는 작은 정부를 부르짖었다. 하지만 금융위기 이후엔 정부 지출 감축과 확대를 동시에 주장하는 모습을 보이고 있다.

　유진 파마Eugene Fama, 라스 핸슨Lars Hansen, 로버트 쉴러Robert Shiller 이세 명의 경제학자들에게 돌아간 최근 노벨 경제학 수상자 리스트를 보라. 파마는 시장의 효율성에 대해, 쉴러는 시장의 비효율성에 대해 주장한 것으로 노벨상을 수상했다고 해도 과언은 아니다.

　오늘날의 경제학은 겉으로 보기에 모순적인 것들을 동시에 받아들여야만 하는 '이상한 나라의 앨리스Alice in Wonderland' 상태에 있다고 봐야할 것이다.

　최근 쉴러와 파마의 노벨상 수상 이후 경제학이 진정한 과학으로 불릴만한 자격이 있는가에 대한 논쟁이 언론에서 살짝 일었다. 이 책에서 다룰 문제의 핵심과 직결되어 있기에 개인적으로는 이러한 논란이 반가웠던 것은 사실이다. 이 책의 첫 번째 전제는 경제학 이론 사이의 모순점들, 경제학자들 사이의 해결될 기미가 없는 논쟁, 그리고 정부의 일관성 없는 경제 정책들만 가지고는 경제학을 과학으로 분류할 수 없다고 단정할만한 이유가 될 수 없다는 사실이다. 다만 경제학이 위기 상태에 접어든 과학이라는 근거는 될 수 있다.

이 위기는 무질서하고 이해 불가능한 종류의 위기라기보다는 다른 모든 과학 분야들이 과거 한 번씩은 다 겪었던 익숙한 위기다. 다행히도 과학자이자 철학자인 토머스 쿤Thomas Kuhn 덕분에 과학의 위기라는 분야가 이미 충분히 인식되고 연구되고 있다.

이 책은 '과학의 위기 상태에 접어든 학문'이라는 시각으로 경제학에 대해 논의한다. 이를 위해 토머스 쿤의 업적과 과학이 위기를 맞았던 사례를 교훈 삼아 경제학의 위기 돌파 가능성과 그 방법에 대해 알아보고자 한다.

크게 나누어 첫 번째 부분인 제2장에서부터 제6장까지는 과학의 위기란 무엇인지, 어째서 그 위기에서 빠져나와야 하는 것인지 그 필요성에 대해 살펴볼 것이다.

제2장에서는 토머스 쿤이 주장한 과학혁명의 속성과 구조를, 제3장에서 제6장까지는 역사상 유명한 4개의 과학혁명을 소개한다. 각 장에서 코페르니쿠스의 천문학 혁명, 윌리엄 하비가 발견한 인체의 혈액순환, 찰스 다윈의 진화론, 알프레트 베게너의 대륙이동설에 대해 다룰 것이다.

언뜻 보면 독자들은 이러한 혁명들이 경제학과 무슨 상관이 있는지 궁금할 수도 있다. 하지만 이 책을 덮을 때쯤이면 그 모든 궁금증이 깨끗이 해결되리라 믿는다. 한편, 과학의 역사에서는 한 분야의 사상이 다른 한 분야의 문제를 해결하는 데 도움이 되는 경우가 놀랄 만큼 자주 일어난다는 사실에 유념할 필요가 있을 것 같다. 이 책에 소개된 이야기들은 모두 경제학의 위기를 새롭게 조명하는 데 도움이 되기를 바라는 마음에 소개된 것임을 밝혀두고 싶다.

제7장에서는 경제학에 존재하는 다양한 경쟁 학파들의 사상을 소개한다. 제7장의 목적은 오늘날 경제학이 코페르니쿠스 혁명 이전의 천문학, 하비의 혈액순환 발견 이전의 의학, 다윈의 진화론 이전의 생물학, 그리고 베게너의 대륙이동설 이전의 지질학과 서로 얼마나 놀랄 만큼 닮아 있는지 제시하고자 함이다. 이를 통해 경제학이 과학의 위기에 봉착한 것이 명백하다는 점과 제2장에서 소개될 토머스 쿤이 말한 과학혁명 대상이 될 단계에 이른 학문임을 말하고자 한다.

제8장과 제9장에서는 패러다임의 전환을 통하여 다양한 경제학파들이 갖고 있는 내적 모순들을 해결할 수 있음을 확인하고, 경제학의 위기에 대한 해답을 찾고자 한다. 그러므로 제8장과 제9장의 목표는 더 이상 경제 시스템을 긴축 대 부양의 대립적인 시선으로 바라보지 않는 데에 있다고 할 수 있다. 이를 통해 독자들이 탄탄한 경제성장에 필요한 조건들을 분명히 인식하고, 지난 수십 년간 부주의했던 정책들로 인해 어떻게 경제성장이 저해되어 왔는지 이해하기 바란다.

제10장에서는 제9장에서 소개된 모델의 정책적 시사점에 대해 살펴볼 예정이다. 현 경제체계가 점진적으로 정부의 인위적인 부양정책에 의존하지 않고도 성장을 일으킬 수 있는 균형 상태로 회복되기 위해 반드시 개혁해야 할 재정정책과 통화정책을 구체적으로 논의할 것이다.

제9장에서 제시된 모델의 시사점과 그에 따른 제10장의 정책 개혁은, 어떤 통화정책이나 재정정책이 시행되어도 이익을 보는 자와 손해를 보는 자가 발생할 것이기 때문에, 틀림없이 세상의 누군가에게는 아주 싫

은 소리로 들릴 것이다. 그렇긴 해도, 경제정책은 제로섬 게임[4]이 아닌 것은 확실하다. 만약 잘만 된다면 모두가 이길 수도, 잘못된다면 모두가 질 수도 있다. 우리가 새로운 관점에서 경제성장의 기원을 바라볼 줄 알게 됨으로써, 모든 사람이 승자가 되기 위해 꼭 필요한 정책 합의점에 더욱 가까이 다가갈 수 있기를 희망해 본다.

---

4) 게임 이론에서 참가자 각각의 이득과 손실의 합이 제로가 되는 게임 - 역자 주

PART

1

과학
SCIENCE

2

과학혁명

"당신의 이론이 얼마나 아름다운지, 당신이 얼마나 똑똑하지는 중요치 않다. 실험으로 증명되지 않으면, 그것은 단지 틀린 이론일 뿐이다."

리처드 파인만Richard Feynman, 1918~1988

토머스 쿤

이 책은 토머스 쿤의 업적에서 영감을 받았다. 책 속에 쿤의 사상이 많이 배어있는 것을 발견하게 될 것이다. 쿤은 1922년에 태어나 1996년에 생을 마치기까지 하버드, 버클리, 프린스턴, MIT 등 최고의 명문대학에서 재직하기도 했다. 토머스 쿤이라는 인물을 한마디로 정의 내리기는 힘들다. 물리학자로 시작했지만 과학사를 공부한 뒤 어느 순간에는 논란의 여지를 남기면서 철학자로 변모하였다. 쿤을 과학 자체를 연구한 과학자scientist of science라고 부르는 편이 나을 수도 있다. 과학을 하는 절차가 실제로 어떻게 이루어지고 있는지를 이해하려고 했기 때문이다. 무엇보다도 과학이 어떻게 어느 날 교착상태에 빠지면서 한 걸음도 앞으로 나가지 못하는 상태가 될 수 있는지, 그리고 어떻게 그 교착 상태로부터 이내 빠져나오면서 극적인 진보를 이루게 되는지를 설명했다는 점에서 특별히 가치를 발한다.

쿤은 다양한 분야의 과학적 발견을 연구하여 1962년에 《과학혁명의 구조The Structure of Scientific Revolution》라는 한 권의 책으로 펴냈다. 《과학혁명의 구조》는 이후 20세기의 가장 영향력 있는 책 100권 중 하나로 선정되기도 하는 등 유명한 책이 되었다. 한편, 그는 과학이 때로는 전혀 과학적이지 않을 수도 있다는 사실을 발견하여 과학자들의 심기를 불편하게 만들기도 했다.

통약불가능성의 문제

쿤은 과학의 작동 방식에서 핵심적인 문제를 발견한 즉시, 그 문제에

'통약불가능성incommensurability[5]'이라는 끔찍한 이름을 갖다 붙였다. 그가 발견해 낸 문제점이란 바로 우리가 세계를 분석하고 이해하며 경험적 데이터를 바라보는 방식이, 세계의 작동 방식에 대해 머릿속에 이미 형성되어 있는 지식과 깊이 연관되어 있다는 점이다.

그 결과, 두 관찰자 그룹에 어떤 데이터를 제시했을 때, 한 그룹은 제시된 데이터의 의미를 이렇게 해석하는 반면에 다른 그룹은 거기에서 아주 다른 의미를 읽어낸다. 서로 다른 그룹의 구성원들은 쿤이 패러다임 paradigm이라고 일컬었던, 일정한 가정의 집합들을 전제하고 연구를 한다. 그런데 이러한 가정들이 너무도 상이하여, 어떻게 상대 그룹이 자신들과 완전히 다른 결론에 이르렀는지 도무지 이해할 수 없게 되는 것이다. 이 상황에서 두 그룹이 데이터를 인식하는 것은 서로 통약불가능 incommensuarable하여 효과적으로 소통할 수 없게 된다고 쿤은 말한다. 쿤이 제시한 문제 상황을 보여줄 수 있는 한 가지 방법으로 다음의 유명한

자료1. 두 가지 해석이 가능한 그림

---

5) 통약불가능성(通約不可能性, incommensurability)은 동일한 방법으로 서로 비교되거나 측정될 수 없는 상태에 있는 것을 뜻한다. 즉, 관측과 이론 자체 사이에 구분이 있는 상태를 말한다. 이렇게 되면 관측 결과가 특정 이론에 의해 설명되는 게 아니라 상이한 이론들 사이에 중립적으로 남을 수 있다. 공약불가능성(公約不可能性)이라고도 번역한다. — 역자 주

그림이 있다.

그림을 보기 전에 늙은 여자가 왼쪽 아래를 바라보는 그림이라는 소개를 받는다면 당신은 아마 이 그림에서 늙은 여자가 보일 것이다. 반대로 젊은 여자가 어깨너머로 먼 곳을 응시하고 있는 그림이라는 소개를 받으면 아마 그 말대로 젊은 여자가 보일 가능성이 높다. 둘 다 충분히 일리 있는 해석이지만 이 두 가지는 서로 전혀 부합하지 않는다.

자, 이제 두 명의 예술 비평가가 이 그림을 평가하는 작업을 하게 되었다고 상상해 보자. 그리고 그림 속에서 한 명은 늙은 여자를, 다른 한 명은 젊은 여자를 각각 보게 된다. 그들의 비평은 전혀 다르게 될 것이며 둘 중 어느 쪽도 자신과 완전히 다른 상대방의 비평을 도통 이해할 수 없을 것이다. 사실상 두 명의 비평가가 두 개의 다른 그림을 본 것과 마찬가지이므로 그들은 상대방의 입장을 받아들일 수도, 대화를 이끌어 갈 수도 없는 상황이 된다. 결국 그들은 서로 상대가 이상한 놈이라는 결론 밖에 내릴 수 없을 것이다.

쿤의 언어를 빌리자면, 이 두 개의 상반된 비평은 서로 통약불가능하다. 즉 양립할 수 없으며incompatible, 더욱 중요한 점은 서로 비교할 수 없다는incomparable 사실이다. 이러한 명백한 불일치inconsistency에도 불구하고 어떤 한 쪽도 다른 쪽보다 객관적으로 더 옳거나 그르다고 말할 수 없다. 이 둘이 의견의 화해를 볼 수 있는 유일한 방법은 각자가 가지고 있는 늙은 여자와 젊은 여자의 패러다임에서 벗어나 두 개의 의견이 모두 합당하다고 인식할 수 있는 새로운 시각으로 전환하는 것뿐이다. 이 경우 새로운 패러다임이란 바로 이 그림이 시각적 환상이라는 사실을 받

아들이는 것을 뜻한다.[6]

만일 별이 총총히 빛나는 맑은 밤하늘을 우연히 보게 된다면, 쿤이 제시한 문제 상황의 또 다른 예를 경험할 수 있을 것이다. 다음 장의 주제인 코페르니쿠스의 혁명 이전의 사람들은 밤하늘의 별이 지구를 감싸고 있는 거대한 암흑의 구球 안쪽 면에 수놓인 반짝이는 보석과 비슷한 것이라고 생각했다. 사람들은 이 천구가 지구를 둘러싼 채 그 주위를 빙빙 돌고 있다고 믿었다. 고대인들은 이러한 패러다임으로 밤하늘을 올려다보았기 때문에 아름답게 장식된 거대한 돔이 머리 위에 펼쳐져 있다고 본 것이다. 물론 오늘날 우리는 별이 우주 전체에 흩뿌려져 있는 빛을 발하는 항성에 불과하다는 것을 알고 있다. 하지만 언제 맑은 밤하늘을 볼 기회가 생기면 하늘이 반짝이는 보석들로 장식된 거대한 암흑의 돔이라고 생각해 보길 바란다. 아마 놀랍게도 정말 그렇게 보일 것이다. 별들이 돔 위에 흩뿌려진 보석처럼 보일 수도 있고 우주에 흩뿌려진 가스 덩어리로 보일 수도 있겠지만, 두 여자가 보이는 그림과 마찬가지로 마음속에 두 개의 이미지가 동시에 떠오르기는 어렵다.

이것은 쿤이 제시한 통약불가능성의 문제를 이해하기에 좋은 방법이다. 우리가 데이터 속에서 발견해 내는 것은 우리가 발견하기를 기대하는 내용과 우리의 패러다임 또는 기존에 지니고 있는 가정이 우리가 보는 대상을 규정짓는다. 하지만 우리는 왜 다른 패러다임을 가지고 있으면 항상 다른 것을 보게 되는지는 이해할 수 없다.

---

6) 과학철학(Philosophy of Science, 과학을 대상으로 하는 철학)에 관심이 있는 이들이라면, 이런 식으로 이해를 발전시켜 나가는 쿤의 분석 과정은 유효하면서도 서로 양립할 수 없는 두 개의 관점 사이에서 합의점을 찾는 고대 플라톤(Plato)의 변증법(dialectic)적 사고와 유사하다는 것을 알 것이다. 독일 철학자인 헤겔(Hegel)도 정(thesis)-반(antithesis)-합(synthesis)의 사고 과정을 주장하며 비슷한 변증법적 사고를 주창했다.

쿤의 설명에 의하면, 과학이 통약불가능한 여러 가지 관점들로 전쟁터가 되어버리는 순간 과학은 위기의 상태를 맞은 것이라고 한다. 어떤 사상도 승리할 수 없고, 어떤 쪽도 다른 쪽에게 자신들 입장의 타당성을 설득시킬 수 없게 되기 때문이다. 그 결과 진보는 미루어지고 혼란만이 자리 잡게 된다.

데이터의 해석이 굉장히 주관적일뿐더러 사건의 원인과 결과를 어떻게 구분해 낼지에 대한 확신도 좀처럼 서지 않는 경제학이라는 분야에서 이제 통약불가능성을 문제 삼아야 할 때가 되었다. 예를 들어 정치학자 찰스 머레이Charles Murray가 한 다음의 말을 생각해 보자.

"사회민주주의를 옹호하는 입장에서 근거를 찾기는 쉽다. 그런데 당신이 찾은 그 근거에 내가 문제를 제기했다고 치자. 객관적인 수치들이 틀려서가 아니라, 단순히 각자가 가진 원칙의 차이점 때문에 말이다. 내가 당신의 근거가 쓸모없고 심지어 틀린 것이라고 치부한다면, 서로의 입장을 고려하지 않게 되는 상황이 온다. 완전히 갈등의 관계에 놓이게 되는 것이다."

경제학 분야에서는 데이터 자체에는 동의하더라도 그 데이터가 무엇을 의미하는지에 대해서는 완전히 다르게 해석하는 경우가 꽤 흔하다. 이렇게 경제학이 서로 통약불가능한 상태에서 경쟁하는 여러 학파로 너무 많이 나뉘어 있기 때문에 명백히 과학의 위기 상태에 처해 있다는 사실을 제7장에서 논의할 것이다.

과학의 두 가지 취향:
스팍 박사 대 커크 선장 ─────

과학은 크게 두 가지 방식으로 진보한다고 쿤은 말했다. 인생의 요소들이 대부분 그렇듯 과학의 진보 방식도 〈스타트랙Star Trek〉으로 가장 잘 설명될 수 있을 것이다. 〈스타트랙〉의 팬들[7]은 〈스타트랙〉의 원작 에피소드 줄거리가 주로 커크 선장Captain Kirk과 스팍 박사Mr. Spock가 언뜻 해결할 수 없어 보이는 문제들과 마주하는 것을 중심으로 전개된다는 사실을 알고 있을 것이다.

스팍 박사는 감정을 내세우지 않고 가혹할 정도로 이성적인 모습을 보인다. 그에게는 모든 문제의 해결책이 냉철하고 견고하고 면역적인 논리를 통해 얻어져야만 한다.

커크 선장은 정반대의 유형이다. 그는 상상력이 풍부하고 직관적이며 때로는 엉뚱한 천재다. 모든 문제들을 직관으로 해결해 놓고 그 이후에 세부사항들을 짜 맞추는 인물이다.

문제가 발생하면 항상 커크 선장은 직관적으로 뛰어들어 해결책을 찾아내는데, 이때 스팍 박사는 "하지만 선장님, 이건 앞뒤가 맞지 않아요"라며 항변한다.[8]

---

7) 스타트랙의 열혈 팬들을 Trekkies(트래키)라고 부른다. 원문에는 Trekkies로 쓰여 있었음을 밝혀둔다. — 역자 주

8) 여기서는 1960년대 TV 연재물인 원작 〈스타트랙(Star Trek)〉을 말하는 것임을 일러둔다. 스팍 박사와 커크 선장 간의 미묘한 역학 관계를 제대로 이해하기 위해서는 윌리암 샤트너(William Shatner)와 레너드 니모이(Leonard Nimoy) 주연의 원작을 봐야 할 것이다. 〈스타트랙〉 시리즈를 현대적으로 각색한 작품들은 철학적인 의미를 읽어내기에 별로 적합하지 않다.

우리는 과학자들이 보통 스팍 박사처럼 일할 것이라고 생각한다. 대상을 관찰하고, 실험을 수행하며, 데이터를 수집하고 분석한다. 데이터를 설명할 이론을 도출한 다음에 그 이론을 검정하기 위한 새로운 실험을 수행한다. 만약 실험 데이터가 이론과 일치하는 결과를 보이면 그 이론은 입증되는 것이다. 그래서 실험 데이터와 이론이 일치하지 않으면 일치하는 결과를 보일 때까지 이론을 수정한다. 새로운 이론은 낡은 이론을 다듬어가며 점진적으로 진화하는 과정에서 실험이나 경험상의 증거와 항상 일치해야 한다. 만약 새로운 이론이 증거에 부합하지 않으면 그것은 폐기되고, 과학자들은 다시 새로운 이론을 찾아 나선다.

과학의 진보 과정을 이해하는 이러한 시각은 초기의 실험 과학을 이끌었던 16세기 철학자 프랜시스 베이컨Francis Bacon 이후 '경험적 방법' 또는 '베이컨의 방법Baconian method'으로 알려졌다.[9]

베이컨의 방법은 우리가 알고 있는 '경험적 테스트empirical test'가 자리 잡는 데에 한몫을 했다. 이 방법은 모든 이론이 무엇보다도 사실에 부합해야 한다는 과학의 가장 근본적인 원칙을 뜻한다. 한편, 과학에서 두 번째로 근본적인 원칙으로는 이론은 가능한 한 간단해야 한다는 '간결함의 법칙the principle of parsimony'이 있다.

---

[9] 프랜시스 베이컨은 근대 경험적 방법론을 제창한 것으로 널리 인정받는 선구자격 철학자다. 실험적 증거에 근거한 이론의 중요성을 강조하였으며, 과학적 발견을 대중에게 최대한 공개해야 한다고 보았다. 이를 통해 사회 전체를 이롭게 함과 동시에 대중의 검증을 받을 수 있다고 생각한 것이다. 그는 자신의 신념을 위해 목숨을 바친 최초의 과학자이기도 하다. 그는 영국 런던의 햄스테드 히스(Hampstead Heath) 공원에서 죽은 닭에 차가운 눈을 채워 넣다가 감기에 걸려 그대로 죽었다. 얼음처럼 차가운 눈이 사체를 보존하는 데 쓰일 수 있다는 자신의 이론을 위해 실험을 하던 중이었다. 그에 관한 또 다른 흥미로운 점은, 프랜시스 베이컨이 윌리엄 셰익스피어의 작품을 쓴 진짜 작가라는 오랜 음모론이 있다는 점이다. 이를 지지하는 일부 증거가 바로 제4장에서 등장할 윌리엄 하비(William Harvey)와 연관이 있다. 셰익스피어 음모론에 대해서는 제4장에서 다시 이야기하도록 하자.

쿤은 과학에서 경험적 테스트의 중요성에 대해 논쟁하지 않았다. 단지 우리가 가진 이론은 우리가 보고자 하는 것만을 보게 하고, 나아가 그것을 해석하는 방법까지 좌우한다는 사실을 분명히 알아야 한다고 경고를 한 것이었다.

만일 밤하늘의 빛이 돔에 수놓아진 보석 때문이라는 이론을 가지고 있다면, 당신은 실제로 돔에 수놓아진 보석을 볼 것이다. 그래서 그들의 서로 다른 광도를 측정하여 보석의 각각 상대적인 크기를 추론해 낼 것이다.

하지만 만일 그 빛의 정체가 우주에 흩뿌려진 항성들 때문이라는 이론을 가지고 있다면 밤하늘에는 항성이 보일 것이고 그 항성들의 광도를 측정하여 지구와의 상대적인 거리를 추론할 것이다.

쿤은 바로 이 부분에서 한 가지 통찰력 있는 관찰을 해냈다. 바로 이론이 관찰의 결과를 좌우한다는 사실이다. 즉, 우리가 기존에 갖고 있는 세계관이 세계에 대한 관찰을 지배하고 정의한다는 것을 밝혀냈다. 스토리, 혹은 이론의 중요성을 깨달은 쿤은 어떻게 위기에 봉착한 과학이 그 위기를 극복해낼 수 있는지도 곧 설명했다.

쿤에 따르면, 과학적 위기에서 빠져나오는 방법은 커크 선장의 접근법과 맥을 같이 한다. 패러다임의 전환, 즉 관찰을 다른 방향으로 이끌 새로운 모델로의 직관적 도약이 필수적이라는 것이다. 기존의 패러다임을 사용하여 데이터를 아무리 정밀하게 분석한다 해도 돌파구를 결코 찾을 수 없다고 쿤은 말한다.

다음 장에서 살펴볼 4개의 과학혁명 중 적어도 세 개의 과학혁명에서, 위기의 돌파구는 새로운 관찰에서 열린 것이 아니라 오히려 재해석으로부터 열렸다. 쿤의 연구 결과로 우리는 이러한 사고의 전환을 이제 '패러다임 전환paradigm shifts'이라 부른다.

쿤은 과학혁명의 과정에서 과학자들이 보여준 행동들이 전혀 과학자답지 않았다는 것을 밝혀냈다. 패러다임 전환이 이루어지기 전에 과학자들은 실험적 증거를 무시한 채 명백히 틀린 자신들의 이론에 끝까지 집착하는 모습을 보였다. 패러다임 전환 이후에도 마찬가지였다. 신빙성을 잃은 자신들의 이론을 옹호하려 노력하는 안타까운 모습을 보여주기도 했다.

쿤의 업적을 너무 단순화시키는 감이 없지 않지만, 그가 설명한 과학혁명을 5막으로 구성된 연극으로 재구성해 보고자 한다. 물론 현실에서는 여러 막의 장면들이 가끔씩 동시에 펼쳐지곤 하기 때문에, 현실이 꼭 연극과 일치하는 것은 아니지만 말이다.

1막 — 불일치의 등장

과학혁명의 첫 무대는 지배적인 패러다임이 경험적 테스트를 통과하지 못하는 데에서 시작한다. 실험적 증거와 과학적 모델의 예상이 맞아떨어지지 않는 것이다. 시간이 지남에 따라 그 차이는 점점 누적되어 결국 기존의 모델이 어떤 식으로든 수정되어야 함이 눈에 띄게 드러난다.

2막 — 분열의 시작

현실과의 불일치가 눈에 띄게 되면서 전문가들은 그들의 이론을 수정하기 위한 방안을 생각해 내기 위해 애쓰기 시작한다. 물론 그들은 기존의 모델을 완전히 버리는 데에는 저항감을 가지고 있기 때문에 임시방편으로 조금씩 이론을 손보면 된다는 생각을 한다. 바로 여기서 문제가 시작된다.

각각 다른 그룹들이 각각의 차이점을 해결하기 위해 서로 다른 미봉책을 내놓는다. 그들은 각각 자신들이 선호하는 견해pet ideas를 갖고 있으며 이에 따라 그들만의 독립적인 연구 의제를 설정한다. 시간이 지남에 따라 그 분야는 수많은 경쟁 학파로 분열된다. 학파마다 초점을 맞추는 문제는 저마다 다르며, 그들은 또다시 다른 모델을 개발하고 다른 방식으로 데이터를 해석한다.

각각의 학파들은 그들만의 패러다임을 중심으로 자신들 분야의 영역을 재정립하고자 시도하는데, 사실상 이것은 다른 학파의 정당성을 깎아내리기 위한 경우가 대부분이다. 혼란의 상태가 오래 지속될수록 해당 분야는 더욱 복잡해지고 분열된다. 마침내 경쟁 학파들의 패러다임들은 전혀 화해할 수 없는 상태에 도달한다. 이러한 통약불가능성의 문제가 자리 잡으면서 결국 그 분야의 진보 자체가 서서히 중단된다.

쿤은 이 시기에 각 학파의 리더들이 관찰에 근거하여 그들의 패러다임을 버리는 일이 없다는 것을 발견했다. 자신들의 모델이 틀리다는 것이 명백히 드러나도, 그들은 맹목적일 정도로 기존의 신념을 고수하면서 자기들의 생각을 약간만 고치는 상태에 계속 머물고자 한다. 다시 말해, 과학자들이 과학적이 아니라 정말 인간적으로 행동하는 것이다. 그들은 과학적 진실성scientific integrity을 희생해서라도 어떻게든 자신의 아성을 유지하고자 한다.

다음 장에서 살펴보면 알겠지만, 이런 국면이 오면 생각보다 그 상태가 오래 갈 수 있다. 천문학자들은 이러한 내적 분열의 시기에서 어림잡아 2000년을 흘려보냈다. 경제학 분야에서는 내적 갈등이 이미 100년이 훌쩍 넘도록 지속되고 있다.

3막 ― 혁명

마침내 그 분야의 당면한 문제들을 한꺼번에 해결할 수 있는 새로운 패러다임이 등장한다. 새로운 패러다임을 통해 기존의 지식에 대한 재해석이 가능한 관점의 전환이 일어나는 것이다. 새로운 패러다임은 기존의 사상에서 우수한 부분은 유지하되 명백히 충돌하는 기존의 견해들을 일관성 있는 하나의 모델로 통합하는 기능을 한다. 이것이 바로 패러다임의 전환이라고 알려진 단계다.

4막 ― 거부

슬슬 반발이 생겨나는 단계가 온다. 그 분야에서 이미 지위를 구축한 패러다임 전환을 거부하고 조롱을 퍼붓는다. 과학혁명의 다른 어떤 단계보다도 몇 번이고 반복될 가능성이 확실히 높은 단계다. 옛 세력은 새로운 사상이 자신들의 기존 이론에서 논리적으로 도출된 것이 아니라는 점과 새로운 관찰의 결과로 등장한 것이 아니라는 점에 불만을 터뜨린다. 구세력의 리더들은 결코 마음을 바꾸지 않기 때문에, 거부의 단계는 그들이 모두 은퇴하거나 죽어 사라질 때까지 적어도 수십 년간은 지속된다.

5막 ― 수용

경력 초기에 새로운 패러다임을 배운, 열린 생각을 가진 젊은 과학자들이 그 분야의 리더가 되면서 점점 새로운 이론이 받아들여진다. 쿤은 새로운 패러다임을 우선적으로 받아들이는 이들은 대개 기존 분야의 전문가가 아닌 외부인들non-expert outsiders이라는 점을 밝혀서 근엄한 과학자들의 자존심에 결정타를 날렸다. 어찌 됐건 이 외부인들은 종종 구질서의 혼란상에 철저하게 실망하고 새로운 사상의 명료함을 열렬히 수용한다.

쿤의 분석과 경제학 ─────

과학혁명에 대한 쿤의 분석은 여러모로 경제학에도 타당하게 적용할 수 있다. 기존 이론의 실패에도 불구하고 그 이론을 버리지 못하는 현실을 지적한 점은 특히 정곡을 찌른다. 나 자신을 비롯한 많은 사람들은, 호황과 불황의 경기순환도 거품 경제도 안정화시킬 수 있다고 주장한다. 이로써 경제를 마치 다루기 쉬운 말 잘 듣는 아이처럼 묘사하는 정통 신고전주의 경제학neoclassical economic orthodoxy이 그동안 끊임없이 제기되어온 실험결과의 반박에도 불구하고 지금까지 살아남을 수 있었다는 사실에 놀라움을 금할 수 없었다. 쿤의 분석은 이러한 난제에 해답을 제시하고 있다. 아무리 기존 이론이 신뢰성을 잃어도 더 나은 이론이 등장하지 않는 이상 기존 이론은 절대 사라지지 않는다. 다시 말해, 경제학이 실패하고 있다고 지적하는 것으로는 아무것도 변하지 않는다는 것이다. 심지어 **어떻게**how 실패하고 있는지 정확히 지적한다 해도 말이다. 상황이 나아지기를 바란다면 구 패러다임을 대체할 더 나은 모델을 찾아야 한다.

경제학 이론이 뭔가 잘못되었다고 생각하는 사람에게 쿤의 분석이 주는 메시지는 거의 돌직구 수준이다. "기존의 사상들이 잘못되었다고 불평하며 시간을 낭비하지 말라. 밖으로 나가서 더 나은 사상을 찾아 오라! 그런 다음에는 새로운 사상이 세상을 지배하게 될 때까지 적어도 30년쯤 기다려라!"

3

하늘의 위기

"전능하신 하느님께서 세상을 창조하시기 전에 나한테 상의하셨다면
세상을 좀 더 단순하게 만드시라고 조언했을 텐데."

프톨레마이오스의 천동설에 대한 알폰소 10세의 언급 중에서

코페르니쿠스, 최초이자 가장 중요한 혁명가 ─────

코페르니쿠스의 혁명은 오늘날에 이르기까지 가장 오래 영향력을 미친 과학혁명이었다. 최초의 과학혁명이라고 해도 과언이 아니다. 고대 학자들의 지식을 개선하는 것이 가능하다는 것을 입증함으로써 코페르니쿠스는 과학적 탐구 정신을 새롭게 일깨워 과학의 새 시대를 부흥시켰다.

코페르니쿠스는 1473년에 태어나 1543년에 생을 마치기까지 이탈리아에서 공부한 기간을 제외하면 평생을 북부 폴란드에서 살았다. 가톨릭교회의 고위 간부이자 부유한 상인 집안 출신으로 수학, 천문학, 의학을 공부하였으며, 특히 폴란드뿐 아니라 유럽으로 유학을 가서 세계 최고 명문대학인 파도바대학과 볼로냐대학에서 교회법을 공부하였다.

코페르니쿠스는 신동과는 거리가 먼 인물이었다. 공부를 마치고 고향으로 돌아와 바미아Warmia 지역의 주교였던 삼촌의 비서이자 의사로서 일을 시작했을 때가 이미 그의 나이 30세였다. 또한 그는 좋은 집안 출신에 다양한 학문을 공부했음에도 불구하고 평생 교회의 고위 관직에 오르지 못하고 중간급 직책에만 머물렀다. 아마 천체 연구에 푹 빠져 신분상승의 사다리를 오르는 일은 등한시했으리라.[10]

---

10) 오랫동안 코페르니쿠스가 순결 맹세를 둘러싼 승산 없는 싸움에 휘말렸다는 증거도 있다. 이 때문에 교회에서의 경력에 흠이 되었을 수 있다는 것이다. 잭 랩체크(Jack Repcheck)는《코페르니쿠스의 비밀(Copernicus' Secret)》에서 코페르니쿠스 혁명 이면의 인간적인 면을 재미있게 풀어낸다. (랩체크, 2009)

초기 천체 이론 ─────────────

코페르니쿠스가 제시한 혁명의 중요성을 이해하기 위해서는 초기의 우주관을 살펴볼 필요가 있다. 최초의 우주관은 적어도 기원전 몇 천 년 전으로 거슬러 올라가는 두 개의 구 모형이다. 이름에서도 알 수 있듯이 이 단순한 모델은 단 두 개의 구만을 포함하고 있었다. 안쪽의 구 역할을 하는 지구가 껍질 역할을 하는 바깥의 천구celestial sphere로 둘러싸여 있다는 것이다. 별들은 바깥쪽 천구의 안쪽 면에 박혀있는 빛나는 보석이나 불꽃과 같은 것이라고 믿어졌다. 천구는 가만히 고정되어 있는 지구를 중심으로 별들을 데리고 돌고 있다는 생각이다.

이 단순한 모형은 아주 흥미로운 과학적 특징을 여럿 포함하고 있다. 움직이는 것이 단 하나만 존재하므로 무엇보다 단순 명료하다. 간결함의 원칙principle of parsimony이 그때에도 존재했다면 이 원칙에 그야말로 완벽히 부합하는 모형이었을 것이다. 별들이 바깥 천구와 함께 움직이는 이유가 쉽게 설명되며, 관찰자의 위도에 따라 왜 밤하늘의 이미지가 다르게 변하는지도 쉽게 이해되었다. 관찰자가 다른 위도에 있기 때문에 천구의 다른 부분을 본 것이라고 설명하면 되는 것이었다.

그런데 이 모형에는 치명적인 문제들이 있었다. 그중 하나가 태양에 대한 문제, 나머지 하나는 달에 대한 문제였다. 태양과 달은 천구의 별들과 함께 움직이는 것이 아니었다. 더욱 당혹스러운 것은 천구와 별들이 정확히 23시간 56분을 주기로 도는 데 반해 태양은 살짝 더 느린 속도로 지구를 돌아 주기가 24시간이 된다는 점이었다. 고대인들은 '회전 주기가 딱 들어맞지 않는' 이러한 문제를 알고 있었지만 그다지 중요시하지 않았다.

얼마의 시간이 지나자 태양과 달에 관한 문제가 점점 단순히 넘겨버릴 수 없는 문제로 떠올랐다. 그래서 태양의 구와 달의 구가 별도로 있다는 방식으로 기존의 모형을 보완했다. 이런 식으로 개선이 이루어짐으로써 바로 다음 수천 년 동안 천문학자들과 과학자들을 총체적 어둠의 길로 들어서게 하는 시발점이 되었다.

우리가 이제 네 개의 천구 모형이라고 부르게 될 이 새로운 모형은 기존

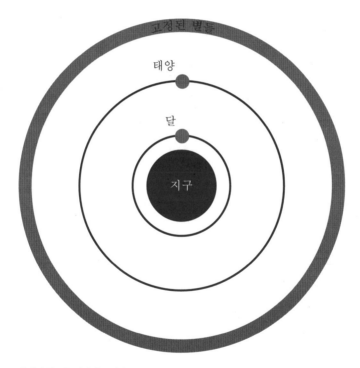

자료2. 네 개의 천구를 간단히 표현한 모형

두 개의 구 모형에 비해 엄청나게 복합한 모형이 되어버렸다. 움직이는 대상이 단순히 두 개에서 네 개로 늘어나 복잡해진 정도가 아니었다. 네 개의 천구(와 그 각각의 안쪽 면에 붙어있는 별들) 모형은 천구의 제일 안쪽에서 어떻게 각각의 천구를 뚫고 그 바깥쪽 천구의 별들을 볼 수 있는지에 대한 설명이 필요했다. 결국 천체와 함께 움직이는 천구들이 완전히 투명한 크리스털로 만들어졌다는 또 다른 가설이 등장했다.

방랑하는 별들에 대한 문제

고대에는 해가 지면 할 수 있는 일이 상당히 제약되어 있었기 때문에 밤에 할 수 있는 연구라고는 머리 위를 지나는 천구를 관찰하는 일 정도밖에 없었다. 오랜 연구 결과 수많은 별들 가운데 다섯 개의 별이 독특하게 움직이는 모습이 보였다. 이 별들은 다른 별들과 다른 속도로 움직일 뿐 아니라 모두 제각각의 속도로 움직였다. 이러한 독특한 성질 때문에 그 별들에 각각 수성, 금성, 화성, 목성, 토성이라는 이름이 붙여졌다. 다섯 개의 별은 통틀어 그리스어로 방랑하는 별을 뜻하는 '행성planet'이라는 이름으로 불렸다.

이 방랑하는 별들은 네 개의 천구 중 어디에도 속하지 않기 때문에 기존에 있던 네 개의 천구 모형에 상당히 위협적인 존재가 되었다. 이때 아리스토텔레스Aristotle(기원전 384~322)가 등장하여 기존의 체계를 개선했다. 그의 해결책이라는 것은 너무나 자연스럽게도, 각각의 떠도는 다섯 개의 별들에 천구를 하나씩 추가하는 것이었다. 이로써 천구는 총 9개가 되었고, 한술 더 떠서 그는 마지막에 모든 별을 둘러싸는 또 하나의 외부 천구를 추가했다. 이 외부 천구outer sphere는 전체 천구들에 대한 일종의 구동바퀴drive-wheel 역할을 하며 이는 원동자原動者, prime mover라고 불린다. 이로써 아리스토텔레스의 10개의 천구 체계가 갖춰지게 된 것이다.

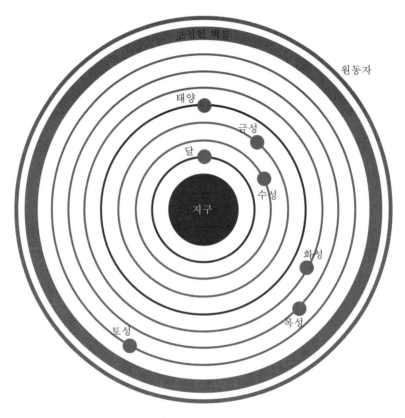

자료3. 아리스토텔레스의 지구중심 우주 체계

아리스토텔레스의 체계는 오늘날의 시각으로 보면 엉성하기 짝이 없다. 단지 관찰된 작은 별빛 몇 개 때문에 거추장스러울 정도로 거대한 가정들을 동원했고 천구를 통째로 설계해 냈기 때문이다. 토머스 쿤의 말을 빌리자면, 아리스토텔레스의 체계에는 개념적 효율성conceptual efficiency이 결여되어 있다. 그럼에도 불구하고 아리스토텔레스의 체계는 널리 유행해 적어도 서기 1세기까지는 주류 천체학에서 지배적인 위치를 차지했다.

아리스토텔레스의 체계가 주류의 위치에 있긴 했지만, 그렇다고 그 시대의 유일한 우주 체계는 아니었다. 아리스토텔레스 이전 레우키포스Leucippus(기원전 5세기)는 천구가 돌아간다는 패러다임 자체가 말도 안 되는 것이라며 우주가 끝없이 많은 별들로 가득한 무한한 공간이라고 묘사했다.

하지만 안타깝게도 그의 우주관은 이내 묻혔다. 폰토스의 헤라클레이데스Heraclides of Pontus(기원전 4세기)는 별들이 움직이는 게 아니라 단지 지구가 돌기 때문에 움직이는 것처럼 보일 뿐이라고 주장했다. 이 주장도 제대로 논의될 기회를 갖지 못한 채 안타깝게 사라졌다. 마침내 아리스토텔레스 시대의 직후, 사모스의 아리스타르쿠스Aristarchus of Samos(기원전 310~230)가 태양이 우주의 중심이고 지구가 그 주위를 돌고 있을지도 모른다는 가설을 제기했다. 코페르니쿠스보다 거의 2000년이나 앞서 그와 똑같은 생각을 한 것이다. 그 시대에 아리스토텔레스의 헛소리가 아리스타르쿠스의 생각보다 우세하지만 않았더라도 우리는 지금쯤 이미 그 별들을 정복하려 하는 단계에 도달해 있을지도 모르는 일이다.

역행의 문제

그 시대 사람들이 아리스토텔레스의 체계가 명백히 틀리다는 것을 정말로 몰랐다고 하면 아리스타르쿠스의 더 나은 체계를 받아들이지 않았던 과오가 용서받을 수 있었을지 모른다.

다시 방랑하는 별들이 이상하게 움직이는 문제로 돌아와 보자. 특히 별들이 때때로 방향을 전환하여 다른 별들과 반대 방향으로 돈다는 점은 기존 사고체계로 설명하기 힘든 것이었다. 이러한 비정상적인 움직임은 '역행retrograde motion'이라고 알려져 있었다. 게다가 각각의 방랑하는 별들은 시간이 지남에 따라 밝기가 바뀌기까지 하여 상황을 더욱 복잡하게 만들었다.

에우독소스Eudoxus(기원전 408~355)는 이러한 역행의 문제를 엄청나게 복잡한 모형으로 설명하려 했다. 세 개의 천구가 서로 연결되어 운행되는 궤도 위에 태양과 달이 놓여있고, 다섯 개의 행성은 각각 네 개의 움직이는 천구가 있어야 했다. 그럼에도 그 체계로는 각 행성들의 밝기가 다른 이유가 설명되지 않았다. 다행히도 이 터무니없는 체계는 큰 호응을 얻지 못했다.

역행의 문제가 사전에 알려져 있는 상태였음에도 아리스토텔레스의 체계를 버리지 못한 것이 애초에 잘못이었다. 이는 우리가 얼마나 실험적 증거를 무시한 채 하나의 그럴듯한 스토리를 신봉하게 되는지를 보여주는 좋은 예다. 토머스 쿤의 명제의 핵심을 이루는 것이 바로 이와 같이 이론이, 즉 스토리가 측정 데이터보다 우세한 위치를 차지하는 현상이다.

프톨레마이오스의 안타까운 승리

아리스토텔레스의 10개의 천구 체계를 안타까운 실수쯤으로 친다면, 이에 뒤이어 프톨레마이오스가 주장한 체계의 성공은 과학 분야의 완전한 재앙쯤으로 여기면 될 듯하다.

기원후 1세기, 천문학자들은 그들이 방랑하는 별들의 역행과 밝기의 문제를 설명할 방법을 찾았다고 믿었다. 그들이 생각한 방법이란 다름 아닌 주전원epicycles의 발명에서 비롯된 것이었다. 이 체계는 일반적으로 프톨레마이오스의 체계라고 불리지만, 처음에 그 체계를 생각해 낸 것은 그가 등장하기 이전으로 거슬러 올라가야 하므로 이 모든 탓을 그에게 돌리기에는 불공평한 감이 있다.

프톨레마이오스는 주전원의 개념을 도입하여 이를 통해 역행과 행성의 밝기가 다른 이유를 설명했다. 각각의 행성들은 하나가 아닌 두 개의 회전운동으로 이루어진 복합 움직임compound motion을 보인다는 것이었다.

행성들은 주전원이라 불리는 작은 원의 회전 궤도를 따라 움직이며, 동시심equant이라 불리는 주전원의 중심은 대원deferent이라 불리는 더 큰 회전체의 궤도 위에 놓여 있다. 대원은 지구를 중심으로 돌고 주전원은 동시심을 중심으로 돈다. 동시심은 대원의 궤도를 따라 돈다고 하였으며, 서로가 서로의 궤도 위를 어떻게 도는지의 문제는 대충 얼버무려져 넘어갔다.

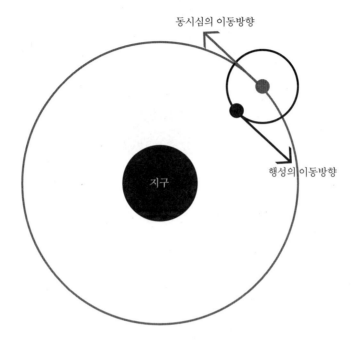

동시심의 이동방향

지구

행성의 이동방향

자료4. 주전원을 통해 역행의 움직임을 설명하는 프톨레마이오스의 체계

　이 체계에서는 행성들이 지구를 중심으로 돌면서도 지구 쪽으로 다가오다가 방향을 바꾸어 지구 반대편으로 향할 수도 있게 된다. 따라서 지구의 중심을 도는 것은 역행의 문제를, 또 지구 쪽으로 오다가 반대편을 향하는 것으로는 밝기가 달라지는 것을 설명할 수 있었던 것이다.

　프톨레마이오스의 체계는 방랑하는 별들의 문제를 완전히 해결한 듯 보였다. 하지만 이 해결책은 엄청난 대가를 치를 수밖에 없었는데, 프톨레마이오스의 체계로 인해 행성의 움직임이 지나치게 복잡해지게 된 것이다. 아리스토텔레스의 우아한 원 궤도가 기괴하고도 끝없는 프레첼[11] 모양의 궤도로 변형되고 만 것이다.

---

11) 프레첼(pretzel): 둥글게 꼬아놓은 모양을 한 과자의 한 종류 ― 역자 주

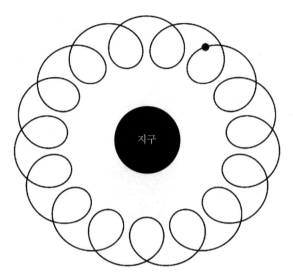

자료5. 프톨레마이오스의 복잡한 프레첼 모양의 행성 궤도

　설상가상으로, 이런 복잡한 프톨레마이오스의 체계로도 행성의 운동을 완전히 설명하기에는 무리가 있었다. 그러나 이러한 한계에도 불구하고 프톨레마이오스의 체계는 당대 최고의 이론으로 여겨졌고 새로운 합의점으로서 아리스토텔레스의 체계를 대체했다.

　프톨레마이오스의 체계는 천문학과 과학 전반에 끔찍한 영향을 미쳤다. 무엇보다 천문학자들이 듣도 보도 못한 한없이 복잡한 체계를 연구하게 되었다. 그들은 프톨레마이오스가 제시한 기본 체계에 주전원과 천구의 회전축에 대한 추가적인 세부사항들을 추가하고 발전시키려 했다. 결국 이를 통해 만들어진 것은 기이하고도 복잡한 천구의 움직임이었다. 체계는 점점 더 복잡해졌고 변형된 체계의 개수도 급증했다. 그렇다고 더 나은 체계가 하나라도 등장한 것은 아니었다. 한 가지 다행인 것은 이 모든 일들이 컴퓨터가 발명되기 전에 일어난 일이라는 점이다. 만약 그 시절에 컴퓨터가 있었다면 얼마나 수학적으로 더 기괴한 이론들이 만들어졌을지 아무도 모를 일이다.

프톨레마이오스의 뒤틀리고 접힌 프레첼 과자 형상의 궤도에서 그 복잡성과 불일치성보다 더욱 이상했던 점은, 지구상에 이러한 모양의 궤도에 대한 대응물이 하나도 없다는 부분이다. 프톨레마이오스의 체계를 받아들이기 위해서는 행성의 움직임에 지구상의 일들을 설명하는 것과는 다른 법칙이 적용된다고 생각할 수밖에 없었다. 보편적인 물리 법칙이라는 개념이 없었기 때문에 보편적인 법칙이 적용되어야 한다고도 생각하지 못했던 것이다. (쿤은 우리가 믿고 있는 이론이 측정 방법과 연구 방향을 결정짓는다고 말했다. 요컨대, 스토리가 모든 것을 좌지우지하는 지배적인 위치를 차지한다는 것이다.)

프톨레마이오스 이후 천문학은 점점 더 복잡해지고 분열되어 우아함과는 거리가 먼 양상을 띠기 시작했다. 결국에는 천문학 자체가 과학 발전의 원동력과는 상관없는 한낱 점성술의 도구로 전락해 버렸다. 쿤의 말을 인용하자면:

"히파르쿠스Hipparchus[12]에서부터 코페르니쿠스의 등장에 이르기까지 17세기의 가장 뛰어난 천문학자들은 하나같이 기본적으로 하나의 주전원과 하나의 대원으로 만들어진 모형이 실제 관측된 행성의 운동에 맞아떨어지도록 세세한 기하학적 수정을 거듭하는 데 모든 노력을 쏟았다." (쿤, 1957)

---

12) 그리스의 천문학자 ─ 역자 주

이 시기까지 천문학은 완전히 위기에 처해 있었다. 제대로 된 천문학 이론이라고는 하나도 없이, 서로 괴리를 이루는 모형들만 잔뜩 생겨났고, 각 모형들조차도 결국 저마다의 이유로 실패를 맞이했다. 또다시 쿤의 말을 빌리자면:

"'프톨레마이오스'의 체계가 어떻게 변형이 되든지 그것들은 또다시 엄밀히 관찰된 관측 결과에 의해 나가떨어졌다. 각각의 모형들이 새로 제시될 때마다 오히려 예전 두 개의 구 모형이 더 믿을 만한 것처럼 보였을 만큼 개념의 경제성conceptual economy[13]은 완전히 사라져 버렸고, 이러한 실패들이 결국 코페르니쿠스 혁명으로 이어지게 되었다."

프톨레마이오스 이후, 코페르니쿠스가 프톨레마이오스의 뒤엉킨 실타래를 풀기 시작할 때까지 약 1500년이 걸렸다.

코페르니쿠스 혁명 ────────

우리는 아리스토텔레스와 프톨레마이오스의 패러다임에 기초한 초기의 모든 천문학 모형들이 실패할 운명이었다는 것을 안다. 모두 근거 없는 공리axioms를 바탕으로 하고 있었기 때문이다. 공리는 과학에서 아주 위험한 물건과도 같다. 공리란 한 분야의 모든 아이디어가 뻗어 나가는 핵심 아이디어로서, 너무 당연한 것으로 간주되어 따로 점검하거나 의혹을 제

---

13) 최소한의 요소를 가지고 복잡한 개념을 설명해야 한다는 뜻. 개념의 효율성(conceptual efficiency)과 통한다. ― 감수자 주

기할 필요가 없는 것들을 일컫는다.

공리는 대개 한 분야에서 과학 발전의 시기상 아주 초창기에 암묵적으로 전제된다. 어느 정도 시간이 지나면 공리는 이후의 이론들 속 너무 깊은 곳에 파묻히게 되어 나중에는 과학자들조차 자신들이 그러한 전제를 사용했는지도 의식하지 못하게 된다. 대개의 공리들은 옳지만, 그렇지 않을 때에는 그 분야의 상부구조 전체가 무너지는 결과를 낳을 수도 있다. 아인슈타인이 상대성 이론을 내놓았을 때 그는 유클리드의 기하학이라는 공리를 거부해야 했다. 즉, 삼각형 내각의 합이 180도라는 사실처럼 우리가 학교에서 배우는 기본적으로 당연하게 여겨지는 진실을 거부했던 것이다. 아인슈타인 이후에 우리는 적어도 질량을 가진 물질로 가득한 세계에서는 삼각형의 내각의 합이 180도가 아니라는 것을 안다.

코페르니쿠스 이전의 천문학자들에게 주어진 최초의 잘못된 공리는 지구가 세상의 중심이며 고정된 것이라는 생각이었다. 두 번째 잘못된 공리는 모든 천체가 완벽한 원운동을 한다는 것이었다. 그들이 가정한 행성의 움직임이란 언제나 완벽한 원운동을 하며 움직이는 것이었다. 수천 년 동안 천문학 체계가 아무리 복잡해지고 실패를 거듭하며 발전이 늦어져도, 그 어떤 천문학자도 완벽한 원운동을 하는 지구중심적인 우주라는 가정에 의문을 품지 않았다. 심지어 코페르니쿠스도 이 중 하나의 공리에만 의문을 품었을 정도였다.

코페르니쿠스가 1543년에 70세의 나이로 죽었으니 중세 기준으로는 장수한 축에 들었다. 1543년은 코페르니쿠스의 위대한 작품인《천구의 회전에 관하여On the Revolutions of Heavenly Spheres》의 초판이 나온 해이기

도 하다. 그가 초판본을 임종 자리에서 넘긴 날 죽었다는 설도 있다.[14]

1543년까지 약 40년 동안 코페르니쿠스는 천문 관측을 통해 행성의 움직임에 대한 데이터를 수집했다. 하지만 이런 꼼꼼한 관측이 태양계에 대한 그의 혁명적 이론에는 전혀 도움이 되지 못했다는 의견도 있다. 이것은 《천구의 회전에 관하여》가 출판되기 적어도 30년 전에 그가 짧은 팸플릿인 '짧은 논평Commentariolus'에서 같은 이론을 이미 발표했기 때문인데, 이때는 그가 이탈리아 유학에서 막 돌아왔을 시기이기도 하다. 코페르니쿠스는 쿤이 묘사한 과학혁명 단계에 그대로 부합하는 단계를 밟았다.[15] 아마 이탈리아에서 학생 신분이었을 때 새로운 이론을 이미 떠올렸던 것 같고, 그러한 자신의 추측이 맞는지 관측 데이터를 확인하며 여생을 보낸 것이다.

코페르니쿠스 이론의 혁신적인 주요 핵심들은 전부 그가 초년에 다음의 공준postulates을 통해 명백히 상정해 놓은 것들이다. 즉:

1. 달은 지구를 중심으로 돈다.

2. 행성들은 태양을 중심으로 돈다.

3. 지구와 태양의 거리는 지구와 별들의 거리보다 훨씬 가깝다.

---

14) 초판본을 넘기고 불과 두어 시간 후 세상을 떠났다고 전해지기도 한다. — 역자 주

15) 쿤의 과학혁명에 대한 분석은 코페르니쿠스 혁명에 대한 방대한 연구의 결과이기 때문에 이는 어쩌면 당연한 것이다. 이번 장은 쿤의 《코페르니쿠스 혁명(The Copernican Revolution, Kuhn T.S., 1957)》에 크게 의존하고 있다.

4. 별들의 외관상의 동apparent motion은 지구의 회전에 의해 발생한다.

5. 행성들의 역행은 지구가 태양을 중심으로 돌기 때문에 생겨난다.

사실 코페르니쿠스의 체계는 관점의 전환에 지나지 않았다. 그는 머릿속으로 자신이 태양에 있다고 생각하고 그 새로운 위치에서 본 천체들의 움직임을 상상해 본 것이다. 그러자 갑자기 온 우주가 훨씬 간단해졌다.

자료6. 코페르니쿠스의 태양중심체계와 행성의 원 궤도

코페르니쿠스가 행성이 완벽한 원운동을 한다는 잘못된 가정을 고수했다는 점은 프톨레마이오스의 이론이 정확하지 않았던 것과 마찬가지로 그의 이론 또한 부정확하다는 것을 의미했다. 사실 행성의 움직임을 예측하는 것으로만 본다면, 이 두 이론은 수학적으로는 동등한 위치에 있다. 코페르니쿠스의 체계도 경험적 정확성을 가지지는 못했다. 그가 이루어 낸 것은 바로 개념적 효율성conceptual efficiency을 개선시킨 것이었다.

게다가 코페르니쿠스의 체계는 우아했다. 프톨레마이오스궤도의 프레첼 모양 꼬임을 바로 폄으로써 여타 그리스 학자들에게서 전해 내려온 사상들을 개선할 수 있는 가능성이 비쳐졌다. 또한 미래의 과학이 진보할 수 있는 기반이 마련된 듯 보였다. 코페르니쿠스는 스팍 박사라기보다는 오히려 커크 선장처럼 직관적인 방식으로 연구했다. 중요한 것은 약간의 상상력과 관점의 변화, 그리고 그 분야의 사람들이 오랫동안 진리로 간직해 왔던 공리들을 의심하는 그의 자신감이었다.

태양중심 우주 체계가 끼친 영향

코페르니쿠스의 태양중심 패러다임으로 보면 지구에서 바라보는 행성의 움직임이나 밝기는 단지 지구의 움직임에 따른 부산물에 불과하다. 별들의 위치가 바뀌지 않는다는 것도 사실 태양계에서 아주 멀리 떨어져 있기 때문이라는 것이 밝혀졌다. 코페르니쿠스 이후에 우주는 더 이상 인류를 중심으로 존재하는 거대한 구 모양의 공간이 아닌 것이 되었다. 동시에 인류는 무한한 우주 속의 작은 입자가 되었다. 우리는 아직도 코페르니쿠스 이후의 이 새로운 현실에 적응하는 데 어려움을 겪고 있다.

다른 천문학적인 세부 사항들도 비로소 원리들이 파악되기 시작했다. 달의 위상뿐 아니라 일식과 월식의 원리도 더욱 직관적으로 이해할 수 있게 되었다. 태양과 별들의 회전 속도가 약간 다른 듯 보이는 현상도 모두 설명이 가능해졌다. 지구가 24시간을 주기로 회전하기 때문에 태양이 지구를 도는 것처럼 보인다는 것도, 지구가 대략 365일을 주기로 태양 주위를 돈다는 것도 밝혀졌다.

지구가 태양 주위를 돈다는 것은 사람들의 눈에 매년 태양이 지구 주위를 도는 것보다 별이 지구 주위를 한 번 더 도는 것처럼 보인다는 것을 의미했다. 이것은 별에서의 하루가 태양에서의 하루의 대략 365/366배, 즉 약 23시간 56분이라는 것을 의미한다. (이 말이 이해가 되려면 몇 분이 걸릴 수도 있다.)

과학혁명의 분명한 특징 중 하나는 언뜻 보면 관련이 없어 보였던 현상들이 갑자기 연관성을 드러내고 새로운 중요한 의미를 가지게 된다는 것이다. 이것은 마치, 과학자들이 난해한 직소jigsaw 퍼즐을 풀지 못하다가 패러다임 전환이 이루어지는 순간 갑자기 전체 그림이 눈에 들어오면서 퍼즐을 풀 수 있게 되는 것과 같다.

코페르니쿠스 이후

코페르니쿠스가 행성의 궤도와 태양계에 대한 관점을 재정립한 이후 과학의 발전 속도는 눈에 띄게 빨라졌다. 덴마크의 귀족 출신인 티코 브라헤Tycho Brahe(1546~1601)는 보다 정확하게 행성의 궤도를 관측했다. 요하네스 케플러Johannes Kepler(1571~1630)는 브라헤의 데이터를 이용하여 행성이 원이 아닌 타원 운동을 한다는 사실을 추론해 냈다. 이로써 케플러는 천문학의 두 번째 잘못된 공리를 폐기했다. 행성의 움직임을 설명하는 수학적인 법칙을 끌어낼 수도 있었다. 그 후 케플러의 법칙은 만유인력의 법칙universal law of gravity이라는 아이작 뉴턴Issac Newton(1642~1727)의 또 다른 과학혁명이 등장할 수 있도록 영감을 주었다.

지난 2천 년 동안의 오랜 침체기에 비해, 코페르니쿠스에서 뉴턴에 이르는 발전과 근대 과학 시대의 개화기는 광속으로 접어들었다. 뉴턴 이후 지구가 태양을 중심으로 회전한다고 하는 코페르니쿠스의 태양중심설[16]은 과학의 지배적 패러다임으로 확고히 자리 잡았다. 적어도 과학자들의 세계로만 논의를 국한시키자면, 과학혁명의 제5막인 수용 단계는 코페르니쿠스가 죽은 후 약 100년의 기간 내에 완료되었다.

브루노와 갈릴레오

코페르니쿠스 혁명이 모든 곳에서 환영을 받은 것은 아니었다. 초기의 몇몇 의혹에도 불구하고 북부 유럽은 새로운 사상을 받아들였고 점차 과학혁명의 미래로 나아가기 위한 길을 마련하기 시작했다. 남부 유럽에서는 가톨릭교회가 태양중심설을 억눌렀고 이러한 요지부동 상태가 이후 70년간 지속되었다. 그 결과 북부 유럽은 점차 과학혁명과 산업혁명의 길로 들어선 반면, 남부 유럽은 점점 뒤떨어져 오늘날까지도 그 유산을 남기게 되었다.

---

16) 태양중심설(太陽中心說, heliocentricism)은 흔히 지동설(地動說)이라고 불린다. — 역자 주

코페르니쿠스 이론에서 뻗어 나올 수 있는 가장 간단한 논리는 다음과 같다. 만일 태양과 별들이 고정되어 있고 별들이 지구에서 아주 멀리 떨어져 있는 것이라면, 별들은 멀리 있는 태양일 수도 있다. 그리고 별들이 멀리 있는 태양이고 지구가 (지구 곁의) 태양 주위를 돈다면, 어쩌면 멀리 있는 태양들 주위를 돌고 있는 다른 지구들이 있을 수도 있다. 만일 그렇다면, 지구가 우주의 중심일 가능성은 아주 희박하다. 어쩌면 우주의 중심이란 아예 존재하지 않을 수도 있다. 때문에 인간은 전혀 특별한 존재가 아니다.

도미니크회의 수도사인 지오다르노 브루노Giodarno Bruno(1548~1600)는 안타깝게도 이러한 추론을 지지했다. 당시 가톨릭교회로서는 용납할 수 없다고 여겨지는 일들을 저지른 것이다. 그 후 7년 동안의 재판 끝에, 1600년의 어느 날, 그는 이단으로 몰려 화형에 처해지고 말았다.

갈릴레오 갈릴레이Galileo Galilei(1564~1642)도 코페르니쿠스의 이론을 신봉한 초기 멤버 중 하나였다. 갈릴레오는 망원경을 새로 발명하여 최초로 목성 주위에 위성이 돌고 있는 것을 관측함으로써 코페르니쿠스가 주장한 행성 이론에 직접적인 관측 증거를 제시했다. 목성과 목성의 위성들은 사실상 태양계의 축소판이나 마찬가지였다. 갈릴레오는 코페르니쿠스의 이론을 깊이 연구하기 시작하였고, 이로 인해 곧 브루노와 비슷한 상황에 휘말리게 될 처지에 놓였다.

가톨릭교회는 처음에는 갈릴레오와 실용적인 입장에서 타협했다. 갈릴레오가 코페르니쿠스의 모델이 진리라고 가르치지만 않는다면 코페르니쿠스의 모형을 사용해도 좋다고 했다. 이는 바꿔 말해 가톨릭교회가 갈릴레오에게 코페르니쿠스의 사상을 사용하되, 믿지는 말라고 한 것이나 마찬가지였다. 하지만 갈릴레오는 뜻대로 움직이지 않았다. 갈릴레오는 '당신이 연구하는 것을 전파하지 말라'는 명령을 그럭저럭 수긍하기는 했지만, 도처에서 자신이 코페르니쿠스의 사상을 믿고 있다는 사실을 명백히 드러내는 행동들을 하고 말았다. 이로 인해 곧바로 이단 혐의로 재판에 회부되고 말았다. 재교육 명목의 고문을 하겠다는 협박을 받고, 결국 자신의 관점을 바꾸겠다고 밝히는 것으로 가택 연금 종신형만을 받고 풀려났다.

이후 교황인 존 폴 2세는 1979년에 갈릴레오의 사건을 재심한다. 결국 갈릴레오의 사후인 1992년에야 무죄 판결이 났다.

코페르니쿠스 혁명에 비해 이후의 다른 과학혁명들에 대한 기존세계의 저항은 훨씬 온전한 축에 속한다. 그럼에도 현 상태를 유지하려는 반발은 새로운 사상의 요지와 무관하게 언제나 비판과 거부의 형태로 존재한다고 쿤은 말한다.

1992년 교황의 무죄 판결을 코페르니쿠스 패러다임의 최종적인 승인 단계로 본다면 과학혁명의 전체 단계가 적어도 이 사건에서는 총 2500여 년이 걸렸다고 봐야 할 것이다. 경험적 불일치를 처음 발견하고 새 이론이 마침내 받아들여지기까지 말이다.

코페르니쿠스의 성취

윌리엄 하비William Harvey와 혈액순환 이야기로 넘어가기 전에, 코페르니쿠스가 하지 않은 것에 대해 잠시 생각해 볼 필요가 있을 듯하다.

코페르니쿠스가 천문학 분야에서 의미 있는 관측을 한 것은 아니었다. 수학이나 천문학적 기술의 발전과도 상관이 없다. 그렇다고 기존의 프톨레마이오스 체계를 더욱 정확하게 정비한 것도 아니다. 심지어 자신의 체계가 프톨레마이오스의 체계보다 더 우수하다는 경험적 자료를 제시한 것도 아니었다.[17] 코페르니쿠스가 이루어 낸 것은 바로 한층 단순하고 논리적인 방식으로 우주를 설명해 개념적 효율성을 제공한 것에 있다. 즉, 그의 승리는 후세의 과학자들이 더욱 명료하게 생각할 수 있는 바탕을 마련해 준 체계의 우아함에 있는 것이다.

---

17) 1851년 프랑스의 물리학자 레옹 푸코(Léon Foucault)는 거대한 진자(푸코의 진자는 책으로 출판되기 이전에 하나의 실험이었다)를 이용해 코페르니쿠스가 추측한 것처럼 지구가 하나의 축을 중심으로 돌고 있다는 것을 증명했다.

4

피와 베이컨

"갈렌의 해부학과 생리학은 개선이 필요하지 않았다.
르네상스 시대의 해부학자들이 이미 개선을 시도해 본 결과,
그의 이론은 차라리 완전히 거부당해야 할 것이었다."

앤드류 그레고리Andrew Gregory, 2001

윌리엄 하비William Harvey(1578~1657)는 코페르니쿠스가 죽은 지 35년이 되는 해에 태어나, 코페르니쿠스의 혁명적 사상이 북부 유럽을 휩쓸고 있을 무렵 자라고 교육받았다. 코페르니쿠스와 마찬가지로 하비도 부유한 집안에서 태어나 유럽 최고 명문인 파도바대학에서 의학과 해부학을 전공했다.

하비는 파도바대학에서 의사 자격을 얻고 영국으로 돌아와 런던에 위치한 성 바르톨로뮤 병원St. Bartholomew's hospital에서 의사가 되었다. 이후에는 승승장구하여 찰스 1세의 주치의가 되었다.

찰스 1세는 하비의 해부학 연구에 깊은 관심을 보였다. 궁정 의사였던 그는 어느 날 대법관이자 이른바 베이컨의 과학적 방법론을 주장한 프랜시스 베이컨Sir Francis Bacon을 환자로 맞았다. 베이컨과 하비의 만남은 빅토리아 시대부터 현재까지 사랑받는 윌리엄 셰익스피어의 작품을 두고 누가 진짜 작가인지에 대한 흥미로운 가설에 불을 지피기도 했다. 인체해부학과 혈액순환의 이론에 대한 그의 중대한 연구는 《심장과 혈액의 운동에 관하여On the Motion of the Heart and Blood》라는 책으로 1628년에 출판되었다.

히포크라테스와 체액론

하비의 과학혁명에 대한 전반적인 그림을 이해하기 위해 다시 한 번 초기 그리스 학자들에 대한 이야기로 돌아갈 필요가 있을 것 같다.

파도바대학에서 의학을 공부하던 시절 윌리엄 하비는 체액 이론에 대해 배웠을 것이다. 체액론은 히포크라테스Hippocrates(기원전 460~370)가 가르치던 때로 2000년이나 거슬러 올라가야 하는 역사를 가진 이론이었다. 고대 과학의 기준으로도 내용은 황당했다. 히포크라테스는 신체의 건강이 4가지 체액의 상대적인 균형에 의해 조절되는 것이라고 보았다. 각각의 체액은 피blood, 점액phlegm, 흑담즙black bile, 황담즙yellow bile이었다. 그의 이론에 의하면 이 4가지 체액들이 균형 상태equilibrium를 잘 이루면 몸이 건강한 것이고, 균형을 잃어 불균형 상태disequilibrium에 이르면 건강을 잃는 것이라 했다.

체액론은 체액들이 이상적인 균형을 이루는 것을 치료 기준으로 삼았다. 이를 위해 다양한 질병과 체액의 불균형의 연관성을 토대로 알맞은 균형 상태로 몸을 회복시키는 방법을 연구했다. '감기에는 많이 먹고 열병에는 먹지 마라Starve a fever and feed a cold'란 격언이 아마 여기에서 유래한 것 같다. 중세 의사들이 널리 행했던 사혈 치료법의 배경이 되었다고도 할 수 있을 것이다.[18]

히포크라테스의 체액론은 당시에는 굉장히 지배적인 이론이어서 아무도 의심하지 않는 자명한 진리로 통했다. 하비의 시대에 실제로 체액론은 의학의 핵심 공리였다.

---

18) 사혈 치료법(bloodletting, 피를 뽑아 질병을 치료하려는 방법—역자 주)은 오늘날에도 여전히 사혈(venesection)이라는 이름으로 시행되고 있다. 하지만 체액의 균형을 맞추기 위해서가 아니라 혈액 속 철의 수치가 비정상적으로 높을 때 쓰인다.

갈렌과 혈류 이론

프톨레마이오스가 천문학 분야에서 프레첼 모양의 매듭 궤도를 생각해냄으로써 아리스토텔레스의 아이디어를 한층 복잡하게 만들고 있을 무렵 갈렌Galen(129~200)도 히포크라테스의 아이디어를 가지고 똑같은 일을 벌이고 있었다. 갈렌은 자신이 인체 해부학을 공부해 왔다고 주장하며 혈류의 흐름에 대한 이론을 내놓았다.

갈렌이 주장한 이론의 핵심은 인체에 피의 운반을 담당하는 두 가지 회로가 있다는 것인데, 여기에서 회로라는 것은 정맥과 동맥을 의미하는 것이었다. 그는 수액이 나무를 흐르는 것과 같은 방식으로 피가 회로를 통해 몸에 흐른다고 생각했다. 나무의 수액은 가장 밑 부분인 뿌리에서 흘러나와 몸통으로 올라간 후 나뭇가지로 나뉘어 들어간다. 가지로 흘러 들어간 수액은 또다시 자잘한 가지들로 스며들어 결국 잎에서 증발한다. 갈렌의 모델에서 나무의 뿌리에 해당하는 인체의 부분이 바로 간이었다. 그는 위에서 보내진 영양분을 가지고 간에서 피가 생성되며, 간에서 피가 서서히 배어 나와 정맥을 통과하여 일부는 곧장 신체 장기로 가고 일부는 심장의 우심실로 흘러들어 간다고 믿었다.

심장의 우심실에 도달한 피는 심장 판막의 모세혈관을 통해 좌심실로 흘러 들어간다고 보았다. 폐에 들어온 공기가 좌심실에서 피와 만나는 '혼합concocting' 과정을 거치며 검붉은 색에서 새빨간 색에 이르는 피의 색이 결정된다. 새빨간 색의 피는 좌심실에서 이내 동맥으로 스며들어 몸 전체로 퍼져 나간다. 검붉은 색의 정맥혈과 새빨간 색의 동맥혈은 모두 장기와 팔다리로 뻗어 나간 후에는 증발하는 것으로 믿어 왔다.

갈렌의 모델에서 심장은 일종의 펌프로 인식됐다. 하지만 심장은 사실 혈액 펌프라기보다는 폐에서 공기를 빨아들이는 일종의 풀무에 가까운 것이었다.

고대 의사들의 입장에서 보면 갈렌의 이론은 흠잡을 데 없는 것이었다. 그의 이론은 심장 박동이라는 인체 구조에 딱 맞아 떨어지는 그럴듯한 이야기를 통해 정맥혈과 동맥혈이 어떻게 다른 색깔을 띠며 그 각각의 기능이 무엇인지까지 설득력 있는 스토리를 제공했기 때문이다. 또한 중요한 점은 바로 갈렌의 이론이 히포크라테스가 주장한 체액의 균형 개념에 완벽히 맞아 떨어졌다는 것이다. 천문학에서 프톨레마이오스의 아이디어처럼 해부학에 있어서 갈렌의 이야기는 이후 1500년이라는 시간 동안 의학의 정설로 받아들여졌다.

베살리우스

16세기 초 코페르니쿠스가 프톨레마이오스 천문학의 수수께끼를 풀고 있을 무렵, 벨기에의 해부학자이자 파도바대학의 교수인 안드레아스 베살리우스Andreas Vesalius(1514~1564)는 갈렌의 해부학을 두고 똑같은 일을 하고 있었다. 코페르니쿠스가 걸작을 출판한 1543년에 베살리우스도 인체 해부학에 대한 저서인 《인체 해부에 대하여On the Fabric of the Human Body》를 출판하였다.

베살리우스는 인체 해부학에 관한 갈렌의 학설에서 오류를 하나하나 수정하다가 결국 갈렌이 스스로 주장하는 것과는 다르게 인체가 아닌 돼지와 원숭이를 대상으로 연구했음을 밝혀냈다. 하지만 무엇보다 가장 의미 있는 베살리우스의 발견은 바로 심장의 판막에 피가 통하는 모세혈관이 없다는 사실일 것이다. 좌심실과 우심실 사이에 피가 흐를 수 없다는 사실은 갈렌이 주장한 이론의 허점을 정면으로 드러낸다. 당시 의학의 정설이었던 갈렌의 해부학 이론 전체가 완전히 틀렸음을 의미하는 것이었다.

이쯤 되면 우리는 당시의 해부학자들이 더 나은 해부학 이론을 찾아 엄청난 연구에 연구를 거듭하며 의학계를 헤집어 놓았을 것으로 생각하겠지만, 사실 그런 일은 일어나지 않았다.

대신, 의학계는 계속해서 갈렌의 이론을 사용했으며 심지어 베살리우스에게 갈렌의 해부학 이론을 따져보는 일을 그만두라고 종용하기까지 했다. 이것은 쿤의 묘사에 따르면 실험적 데이터보다 지배적인 도그마dogma가 무조건 승리하는 전형적인 과학의 작동 방식을 보여 주는 것이다.

베살리우스는 갈렌의 모델이 경험적인 면에서 실패했다는 것을 입증했다. 하지만 쿤이 그의 저서에서 설명한 것과 마찬가지로, 이것만 가지고는 갈렌의 모델이 기각되기에 충분치 않았다. 베살리우스는 필수적인 두 번째 단계를 충족하지 못했기 때문이다. 즉, 더 나은 대안을 제시하지 못했던 것이다. 더 나은 모델이 제시되기 전까지 갈렌의 모델은 여전히 지배적인 패러다임으로 남아있을 수 있었다.

이것은 또다시 쿤이 주장한 핵심을 증명해 보인다. 인간은 이론이 없는 상태를 받아들이지 못한다는 것인데, 즉 인간은 한 이론이 더 나은 다른 이론으로 바뀌는 상황은 받아들이지만, 기존의 잘못된 이론을 없앤 뒤 더 나은 이론이 등장할 때까지의 적막한 심연深淵, abyss은 절대 받아들이지 못한다는 사실이다. 바로 이러한 이유로 우리는 현 경제 이론이 현실에 맞지 않는 상황을 번번이 맞이하면서도 더 나은 이론이 등장할 때까지는 현재의 이론을 포기하지 못할 것이 분명하다는 것을 알 수 있다.

윌리엄 하비의 혁명

윌리엄 하비가 의학을 공부하기 위해 파도바대학에 도착했을 때, 즉 베살리우스가 그의 저서를 출판한 지 반세기가 지났을 무렵이었다. 하비의 지도교수가 갈렌의 이론에 의심을 보였다. 겉으로 표명하지는 않았지만, 수업에서 베살리우스의 이론을 연구 과제로 내놓았기 때문이다. 히에로니무스 파브리치우스Hieronymus Fabricius(1537~1619)가 바로 그 연구교수였다. 그는 태아의 발달과 소화관에 관련된 중요한 발견을 했다. 큰 혈관 속에는 밸브와 같은 부분이 있다는 것을 발견해 이를 '작은 문'이라고 부르기도 했다. 그 밸브의 역할까지는 밝혀내지 못했지만 말이다.

런던으로 돌아온 하비는 파도바대학에서 배운 것을 바탕으로 해부학 연구를 해나갔다. 그는 구할 수 있는 모든 종류의 동물과 인체를 대상으로 폭넓은 연구를 해나갔다. 열정은 대단했다. 대중에 공개하기 위해 특별히 지어진 해부실에서 5일 넘게 부검을 한 것으로 유명세를 얻기도 했다. 날씨가 충분히 쌀쌀했기에 5일간 하나의 시체를 계속 활용하는 게 가능했을 것이다.[19] 하비는 특히 심장의 기능과 순환 체계를 상당히 자세

---

19) 아마 이 때문에 프랜시스 베이컨(Francis Bacon)이 추운 날 눈 속에 고기를 파묻어 보존하는 데 흥미를 가진 것일 수도 있겠다.

히 연구했다. 사체는 물론 심지어는 살아있는 동물을 대상으로 복잡하고 독창적이며 때로는 섬뜩하기까지 한 실험을 하곤 했다.[20] 그가 했던 가장 중요한 실험은 사실 가장 간단한 것이기도 하다. 환자의 팔꿈치 부분을 끈으로 묶으면 피가 손가락 쪽으로 모이지만 끈을 팔뚝으로 옮겨 묶어 혈류를 제한하면 피가 거꾸로 흐를 수 있다는 것을 증명해 보인 것이다. 혈류의 방향이 몸의 주변부에서 중심부로 향할 수 있다는 사실은 갈렌의 이론을 반박하는 근거가 될 수 있었다. 하지만 이런 실험이 하비가 혈액순환에 대해 연구하는 데 필수적이었는지는 확실치 않다.

실험을 진행하며 하비는 신체의 정맥계가 나무처럼 뿌리에서 시작해 몸통, 가지, 잎의 순서로 수액을 내보내는 방식으로 작동하는 것이 아니라는 것을 깨닫게 되었다. 굳이 비유하자면 작은 냇물에서 시작해 조금 더 큰 지류로, 그리고 중심이 되는 강으로 물이 흘러드는 것처럼 작동한다고 보는 게 맞았다. 정맥계는 피를 배분하는 체계가 아니라 피를 모으는 체계였던 것이다.

이는 그의 혈액순환 이론에서 걸음마에 불과했다. 그는 차차 심장에서 하나의 심실만이 폐에서 신체 장기 쪽으로 피를 펌프질해 내보내는 역할을 하며, 다른 한쪽 심실로는 장기에서 폐 쪽으로 피가 들어온다는 사실 등을 알아냈다. 나아가 혈액이 장기와 폐를 포함하여 몸 전체를 한 번에 순환한다는 사실도 파악하였다. 폐에서 장기 쪽으로 바깥을 향하는 혈액은 좌심실에 의해, 그리고 장기에서 폐 쪽으로 들어오는 혈액은 우심

---

20) 토머스 라이트(Thomas Wright)의 《순환: 윌리엄 하비의 혁명적인 발상(Circulation: William Harvey's Revolutionary Idea, 2012)》과 앤드류 그레고리(Andrew Gregory)의 《하비의 심장: 피의 발견(Harvey's Heart: the Discovery of Blood, 2001)》은 모두 하비의 연구를 상세히 설명해 놓은 책이다.

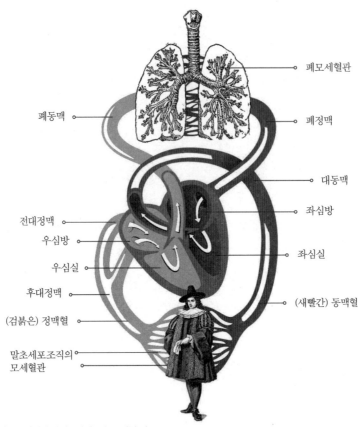

폐모세혈관

폐동맥

폐정맥

대동맥

좌심방

전대정맥

우심방

좌심실

우심실

후대정맥

(새빨간) 동맥혈

(검붉은) 정맥혈

말초세포조직의
모세혈관

자료7. 하비의 혈액순환이론을 묘사한 것

실에서 펌프질 된다는 사실도 발견해 낸 것이다.

모든 대단한 과학혁명들이 그렇듯 하비의 새로운 모델은 이전의 모델 보다 훨씬 간단하면서도 더 많은 것을 설명해 주었다. 예를 들어 어째서 동맥의 벽이 정맥보다 훨씬 두꺼운지를 밝혀냈다. 동맥이 피가 내려가는 방향, 즉 심장의 압력이 높은 쪽에 있기에 그러한 것이었다.

하비의 이론이 등장함에 따라 결국 심장 판막에 모세혈관이 없는 문제와 복잡한 피의 혼합 문제도 전부 고민할 필요가 없게 되었다.

거부와 수용

하비의 새로운 이론은 동료 해부학자들에게 그리 인정받지는 못했다. 몇 년 동안이나 의사들은 계속 병약한 환자에게 사혈을 행했다. 하비의 혈액순환론은 사혈의 관행에 반발하고 체액이론의 개념 전반에 의심을 드리우는 역할만 했을 뿐이었다. 의학계의 기득권층을 설득하기에는 무리였을 뿐만 아니라 하비는 그들에게 공격을 당하기까지 했다. 런던 의사 협회London's College of Physicians의 의사들은 단합하여 갈렌의 이론을 감싸고 하비의 새로운 이론에 대항했다.[21] 동료 의사인 제임스 프림로즈James Primrose는 대놓고 하비의 동물 실험을 비웃고 그가 기존의 치료법을 존중하지 않는다고 비판했다.

그래도 하비에게 유리했던 점이 있었다면 대중에게 해부 실험을 공개했다는 점이었다. 공개된 실험을 통해 하비의 이론은 점점 대중의 지지를 얻어나갔으며 결국 의학 전문가들도 어쩔 수 없이 그를 인정할 수밖에 없는 상황에 이르렀다. 그는 과학혁명을 이룬 뒤 살아생전에 스스로 자신의 이론이 대중에 확산되는 모습을 지켜볼 수 있었던 몇 안 되는 인물 중 하나일 것이다.

---

21) 정확히 말하면, 그들은 '왕립내과의사협회(Royal College of Physicians)'의 의사들이었다. 사실 '왕립(Royal)'이라는 호칭은 당시에는 흔하지 않았던 것이었다.

하비, 베이컨, 셰익스피어 논쟁 ─────

하비가 혈액순환 체계를 발견한 이야기는 종종 프랜시스 베이컨의 경험주의 방법론의 근사한 사례로 인용되곤 한다. 베이컨이 하비의 환자였기에 충분히 개연성이 있는 이야기다.

하비의 전기 작가인 토머스 라이트Thomas Wright가 주장한 바에 따르면 여기에는 약간의 오해의 소지가 있다. 하비의 연구 방법을 자세히 들여다보면 베이컨의 연구법과는 사뭇 달랐음을 알 수 있다고 한다. 하비는 이론을 먼저 제시한 뒤 그 이론의 타당성을 뒷받침해 보이기 위해 실험을 설계하는 쪽이었다. 라이트의 말을 인용하면:

"하비의 실험 중 가장 유명한 것은 심장이 수축하는 순간에 빠져나오는 피의 양을 측정하는 실험이다. 이 실험에서 그는 귀납법을 이용했다고 전해진다. 상당한 양의 피가 심장이 수축할 때 빠져나온다는 가설부터 세웠다는 것이다. 그다음 단계는 수축 시 빠져나오는 피의 양이 얼마나 되는가를 정하는 일이었다." (라이트, 2012)

라이트의 말이 정확하다면 하비는 코페르니쿠스와 같은 방식으로 작업했다고 볼 수 있다. 먼저 이론을 세우고, 나중에 확인하는 방식으로 말이다. 아이러니컬한 것은, 하비는 과학을 베이컨과는 다른 방식으로 다루면서도 베이컨의 과학 철학에 영향을 준 장본인이라는 점이다.

논외지만 윌리엄 셰익스피어William Shakespeare 희곡 작품들의 진짜 작가가 누구인지를 둘러싼 빅토리아 시대의 논쟁에 대해 이야기를 꺼낼 좋은 시점인 듯하다. 논쟁은 다름 아닌 하비와 베이컨을 둘러싸고 다음과 같이 진행된다.

윌리엄 셰익스피어란 작가의 이름으로 쓰인 희곡은 놀랄 만큼 탁월하다. 읽는 이로 하여금 배움과 깨달음의 순간을 느끼게끔 한다. 때문에 작가가 스트랫퍼드 어폰 에이번Stratford-upon-Avon이라는 작은 시골 마을의 평범한 서민 출신이라는 사실을 받아들이기가 힘들다. 진짜 작가는 분명히 높은 계층의 잘 교육받은 신사임이 틀림없다!

그런 다음 셰익스피어의 작품을 실제로 썼을 만한 적당한 신사를 물색해 본다. 그렇다. 대법관이었던 프랜시스 베이컨 경이다. 그는 유명한 평론가이자 아주 똑똑하며, 무엇보다 셰익스피어와 동시대인이다.

자, 이제 필요한 것은 이 이론을 뒷받침할 만한 약간의 정황 증거인데, 바로 이 부분이 윌리엄 하비가 등장하는 부분이다.

셰익스피어는 1616년에 죽었다. 이것은 하비가 혈액순환이론을 출판한 1628년보다 12년 앞선 것이다. 하지만 셰익스피어의 희곡들은 그가 죽고 난 이후에야 출판되었으므로 이는 정확히 말하면 하비의 이론이 출판되고 난 이후라고 볼 수 있다. 그러므로 만약 셰익스피어의 작품 속에 하비의 이론이 조금이라도 언급되어 있다면, 이는 분명히 1628년 이후에 쓰였다는 것, 즉 셰익스피어가 죽은 뒤에 쓰인 증거가 된다. 이때는 베이컨이 하비의 환자일 때이기 때문에 베이컨이 자신의 의사가 작업하고 있는 것을 슬쩍 자신의 작품에 흘려 넣는 것도 가능했을 것이다.

셰익스피어의 마지막 비극 《코리올라누스Coriolanus》를 보자. 등장인물인 메네니우스Menenius가 의미심장한 대사를 던진다. 인간의 뱃속에서 바라본 관점을 통해 피가 어떤 식으로 몸에 흐르는지에 대해 정확한 지식을 보여 주는 듯하다.

내가 식량을 제일 먼저 받는다는 것은 (사실이나)
그 식량은 당신들의 삶을 지탱하고 있소.
나는 이 공동체의 식량창고이자 작업장과 같기 때문에
(식량을 먼저 받는 것은) 이 얼마나 당연하오.
하지만 그대들이 기억할지는 모르나
나는 이 식량을 당신들의 핏줄을 통해서
심장이라는 궁중과 머리라는 왕좌에까지 수송하고 있는 것이오.
그리고 인간의 구불구불하고 구석진 곳에 있는 기관을 통해
가장 힘센 신경에서부터 제일 작은 혈관 모두가
(나로부터 생활의 활력을 얻고 있는 것이오.)[22]

의사인 오빌 오웬Dr. Orville W. Owen(1754~1924)의 말에 따르면《코리올라누스》의 진짜 작가는 혈액순환에 대한 하비의 이론에 대해 알고 있었다. 이렇게 보면 셰익스피어의 희곡들은 하비의 이론이 발표된 이후, 즉 셰익스피어의 사후에 쓰인 것이다.

오웬의 논리에 의하면 셰익스피어 작품들의 작가로 가장 적절한 인물은 베이컨이 될 수밖에 없다. 증명 끝. 한마디로, 베이컨이 실제 셰익스피

---

22) 매끄러운 의미 전달을 위해 괄호 안의 부분을 추가하여 번역하였다. — 역자 주

어였다는 것이다.

정말이지 댄 브라운Dan Brown같은 이야기이다.[23] 하지만 안타깝게도 이 이야기에는 명백한 허점이 있다.

만일 당신이 오빌 오웬과 같은 근대의 의사라면 하비의 이론에 친숙할 것이다. 따라서 위의 구절을 읽으면 혈액순환에 대한 언급 때문에라도 윌리엄 하비를 떠올릴 수밖에 없을 것이다.

그러나 만일 당신이 갈렌의 오래된 이론과 이를 대체한 하비의 이론을 함께 접하게 된다면, 완전히 다른 결론을 내릴 수 있다. 《코리올라누스》의 구절을 보면, 피가 혈관을 통해 위胃에서 장기로 영양분을 전달하며 바깥 방향으로 흐른다는 점을 묘사한다. 이런 묘사는 분명히 피의 흐름에 대한 **하나의** 이론이기는 하지만, 적어도 피의 방향에 관해서는 하비의 새 이론이 아닌 갈렌의 아주 오래된 이론과 맥을 같이한다. 이런 식으로 읽으면 이 구절은 셰익스피어 작품을 쓴 진짜 작가가 베이컨이라는 주장의 증거가 아니다. 오히려 베이컨이 셰익스피어가 될 수 없다는 주장의 증거가 되어버리는 것이다.

이 이야기가 전달하는 메시지는 이렇다. 현재 사용하는 패러다임이 데이터를 해석하는 방식을 결정한다는 것이다. 결국, 가장 좋은 패러다임은 가장 단순하고 우아한 형태일 가능성이 높다. 이렇게 보면 셰익스피어의 작품은 셰익스피어가 쓴 것이다.

---

23) 《다 빈치 코드(2003)》와 《천사와 악마(2000)》로 잘 알려진 세계적인 베스트셀러 소설가 댄 브라운(Dan Brown, 1964~)을 가리킨다. 주요 인물들뿐만 아니라 다양한 소설의 구성요소를 현실에서 차용하거나 발전시켜 세상을 뒤흔드는 소설적 상상력을 발휘하기로 유명하다. — 역자 주

5

다원의
종의 이론

"다윈보다 따개비의 조직 구조를 더 공들여 연구한 박물학자는 없다."

리처드 오언Richard Owen, 1804~1892

찰스 다윈Charles Darwin(1809~1882)과 앨프리드 러셀 월리스Alfred Russel Wallace(1823~1913)는 둘 다 자연 선택natural selection을 통한 진화론을 함께 발견한 공로를 인정받고 있다. 과학계로서는 정말 놀랄만한 우연의 일치였다. 1858년 월리스가 다윈에게 보낸 편지를 보면 이미 진화론에 대한 내용이 적혀 있었다. 다윈은 거의 똑같은 주제를 놓고 몇 년 동안이나 고심하고 연구했다. 그러나 놀랍게도 월리스가 자신과 동일한 진화론을 구상하고 있는 편지를 받고, 고심 끝에 자신의 아이디어를 월리스와 함께 그해 공동으로 발표하기로 결심한 것이다. 그 일 년 뒤, 다윈은 이론을 완성시켰고 이를 그 유명한《종의 기원On the Origin of Species》(1859)으로 정리해 출간한다.

많은 사람들이 간과하고 있는 사실이긴 하지만 사실 다윈과 월리스 이전에도 수많은 진화 이론학자들이 존재했다.《종의 기원》이 출판되기 전에도 빅토리아 사회에서는 수십 년간 진화를 둘러싼 논쟁이 진행되고 있었다.

초기의 진화론

다윈의 시대에 지배적이었던 초기의 이론은 성서에 기반을 둔 창조설이었다. 창조설은 모든 종species이 지구상에 만들어진 이후 변하지 않고 그대로 존재해 왔다고 설명한다. 이러한 정적 평형상태static-equilibrium 이론으로 인해, 종의 형태가 시간이 지남에 따라 변할 수 있다는 생각은 불가능한 것으로 여겨졌다. 다윈 이전의 생물학에서 종의 변화와 변이는 상상조차 할 수 없었고, 이는 사실상 공리와 같은 것이었다.

불일치

18세기 말 즈음에 지구의 나이에 대한 문제가 불거지면서 창조설은 조금씩 논란에 휘말리기 시작했다.

17세기, 아르마 대주교Archbishop of Armagh였던 제임스 어셔James Ussher 는 성경과 역사 속 연대를 연구하여 지구의 나이를 계산해 냈다. 그의 계산에 따르면 세상은 기원전 4004년 10월 23일 일요일의 전날 밤에 창조되었다. 어떻게 기원전 4004년 10월 23일 일요일의 전날이 존재할 수 있었는지는 미스터리지만, 이로써 지구가 만들어진 지 약 6000년이 되었다는 사실은 당시 진실로 받아들여졌다.

18세기 말에서 19세기 초 즈음으로 넘어가 보자. 이 시기에는 지구의 나이가 6000년밖에 되지 않았다는 생각이 지질학이라는 새로운 과학 분야에서 문제로 떠올랐다. 저명한 지질학자였던 찰스 라이엘 경Sir Charles Lyell(1797~1875)은 지구가 대략 3억 년은 되었을 것이라고 보았다.

창조설 학파가 마주한 다음 문제는 바로 화석 기록에서 나온 증거가 점점 많아진다는 점이었다. 화석은 그때까지만 해도 많은 사람들이 취미 삼아 하는 수집 수준이었다. 그런데 그렇게 수집된 화석들에는 공룡을 비롯해 현존하지 않는 다양한 종이 살았다는 명백한 증거들이 있었다. 마찬가지로 풀리지 않는 단 하나의 의문은 화석에 기록된 동물형태의 복잡성이 시간이 흐를수록 점점 증대하는 것으로 나타난다는 사실이었다. 가장 오래된 암석에서는 매우 단순한 형태의 화석들이 발견되었지만, 비교적 연대가 짧은 암석에서는 더욱 복잡한 종種의 화석들이 발굴되었다.

그 외에도 가축의 선택적 교배를 통한 종의 변화 능력까지 증명되기 시작했다. 다윈은 자신의 발견을 검증하기 위해 런던 외곽에 위치한 자신의 시골집인 다운 하우스Down House[24]에서 비둘기의 선택적 교배를 시행했으며, 다윈이 이론을 발표하기 훨씬 전인 19세기 초에도 많은 사람들은 이미 창조설의 대안이 필요하다고 생각했다.

창조설을 대신할 이론들

화석 기록의 문제를 어떻게 다룰 것인가를 두고 분분하게 의견이 나뉘었다. 진화론자들은 이것이 창조설을 완전히 대체할 수 있는 기회라고 믿었다. 그런데 정반대로 화석 기록이 오히려 창조설의 증거라고 주장하는 집단도 있었다.

영국의 박물학자 필립 헨리 고스Philip Henry Gosse(1810~1888)는 창조설을 옹호하기 위해 황당무계한 방법을 생각해 냈다. 그는 다윈의《종의 기원》이 출판되기 2년 전《옴파로스Omphalos》라는 책에서 그 이론을 펼쳤다. 신이 화석 기록을 일부러 만들어 지구가 훨씬 오래된 것처럼 보이게끔 만들었다는 주장이다. 지구란 의도적으로 오래돼 보이도록 만들어진 가짜 골동품과 같은 것이라고 설명한 셈이다. 이것은 빅토리아 시대 사

---

24) 찰스 다윈이 건강이 악화된 1842년부터 40년 이상 소중히 여기며 살아온 집이다. 초기에는 따개비에 대한 논문을 쓰고, 후에는《종의 기원》을 집필한 곳이기도 하다. 그는 조용한 시골의 평화로움을 사랑했다고 하며, 이곳에서 1882년에 73세의 나이로 사망했다. — 역자 주

람들에게도 너무 어처구니가 없는 아이디어였다. 때문에 누구도 진지하게 받아들이지 않았다.

이에 지지 않고, 앤드류 크로스Andrew Crosse도 그에 못지 않게 창의적인 아이디어를 하나 떠올렸다. 그는 전기를 연구한 최초의 과학자들 가운데 하나로, 1836년 전기에 의한 종의 발생 가능성을 발표했다. 전류를 흘려보내는 순간 살아있는 곤충들이 만들어지는 것을 실험을 통해 관찰했다고 주장한 것이다. 잠시 화제를 불러일으키긴 했지만, 다행히 그의 아이디어도 곧 자취를 감추었다.

이보다 더욱 화제가 된 진화론적 이론들도 있었다.

프랑스의 박물학자인 장바티스트 라마르크Jean-Baptiste de Lamarck (1744~1829)는 변형주의transformisme, transmutation 이론을 통해 여러 세대에 걸쳐 환경에 적응하기 위해 종이 변한다는 진화론의 개념을 최초로 제시했다. 동물이 일생동안 획득한 형질 중 다음 세대의 생존에 도움이 될 만한 것들이 자손에게 유전된다는 것이 그의 주장이었다.[25] 이것으로 변종의 이유는 설명되긴 했지만, 진화가 왜 점점 복잡한 방향으로 진행되는지는 알 수가 없었다. 라마르크는 그 이유를 내재적인 복잡화의 힘 underlying complexifying force이라는 것을 가정함으로써 해결하려 했다. 그러나 통합을 지향했던 그의 이론은 복잡성의 증대를 설명하기에는 우아함과 설득력이 모두 결여된 메커니즘으로 끝나고 말았다.

1844년에 출판된 《자연사적인 창조의 흔적Vestiges of the Natural History

---

25) 라마르크가 주장한 유전되는 후천 형질이라는 개념은 당시에는 강하게 반발에 부딪히고 다윈의 이론에 의해 묻혔다. 하지만 후성 유전학(epigenetics) 분야에서 환경에 의해 특정 유전자의 발현이 영향을 받을 수 있고 때로는 후천적으로 획득한 형질도 자손들에게 유전될 수 있다는 것이 밝혀진 점은 주목할 만하다. 따라서 라마르크의 개념은 어느 정도는 유효한 듯 보인다.

of Creation》(로버트 체임버스, 1844)은 엄청난 악평에도 불구하고 종의 진화라는 개념이 대중적인 인식을 얻도록 하는 계기로 작용했다. 당시 세계적인 베스트셀러가 되었던 이 책은 진화론과 관련해 우후죽순처럼 생겨나는 다양한 이론들을 하나로 통합하고자 했다.

《자연사적인 창조의 흔적》에서는 초기 컴퓨터의 선구자라고 할 수 있는 찰스 배비지Charles Babbage의 이론을 포함한 여러 아이디어들이 소개되었다. 대표적으로 배비지는 생식 주기가 어느 정도 반복된 이후에 나타나는 새로운 종species은 변이를 일으키도록 미리 프로그래밍이 되어 있다는 이론을 주장했다. 이 참신한 아이디어는 바로 컴퓨터의 반복문 알고리즘에서 나온 것이었다. 그는 0에서 100만 1까지의 정수가 순차적으로 나오다가 그다음에는 갑자기 1억 1만 2가 나오는 알고리즘이 가능함을 증명했다. 그의 이론은 진화론과 창조론이 모두 수용될 가능성을 제시했다는 점에서 신선한 것이었다. 배비지 이후에도 진화를 태아의 임신 기간이나 부모의 환경 조건과 관련시키는 이론들이 끊임없이 탄생했다.

다윈의 진화론 이전에 경쟁 이론들이 이렇게 많이 생겨났다는 것은 당시 그 분야가 혁명 전의 위기에 놓여있었음을 보여주는 전형적인 예라고 할 수 있다. 기존의 창조론 패러다임이 불충분하다는 것을 보이는 경험적 증거가 계속 등장했다. 하지만 창조론을 대체해서 살아남을 만한 이론이 아직 등장하지 않은 상태에서 당시 대부분의 과학자들은 저마다 열정을 가지고 기존의 창조론 패러다임에 매달렸고, 단지 몇 사람만이 더 나은 모형을 찾아 혼돈 속을 헤맸다.

다윈 혁명 ──────────────

다윈은 다른 이들이 막힌 곳에서 단순한 하나의 과정을 통해 해답을 발견해 성공을 거두었다. 종의 변이와 변이에 따른 복잡성 증가에 대한 답을 모두 설명할 수 있는 가능성으로서 아주 단순한 절차 하나를 찾아 냈기 때문이다. 흔히 알려져 있듯이 다윈의 식물학 연구가 그 돌파의 단초를 마련해준 것은 아니었다. 다윈의 혁명을 이끈 아이디어는 다름 아닌 경제학 분야에서 찾아왔다. (다윈의 아이디어를 경제학과 연관시키는 것은 제8장에서 계속된다.)

토머스 로버트 맬서스Thomas Robert Malthus(1766~1834)는 1798년에 《인구론》[26]을 출판했다. 《인구론》에 실린 그의 분석은 금세 논쟁을 불러일으켰다. 그는 인구통계학적 연구를 통해 인류의 미래가 암울하다는 결론에 도달했다. 사람들이 자녀를 많이 출산하려는 경향 때문에 인구는 시간이 지날수록 기하급수적으로 증가한다고 보았다. 인구는 이렇듯 기하급수적으로 증가하는 반면 지구상의 자원은 제한되어 있기 때문에 인류는 운명적으로도 빈곤과 기아에 직면할 수밖에 없다는 것이었다.

> "인구가 증가하는 힘은 지구가 인간의 생필품을 생산해 내는 힘에 비해 너무 월등해서 어떤 식으로든 인류의 때 이른 종말은 피할 수 없게 될 것이다."

경제학에서 빌려온 두 번째 아이디어는 바로 일의 분업이다. 일의 전문

---

26) 원제는 《인구의 원리에 관한 소론(An Essay on the Principle of Population)》이다. ─ 역자 주

화specialisation를 통해 생산성을 향상할 수 있음을 인식하게 된 것이다. 분업의 개념은 애덤 스미스Adam Smith(1723~1790)가 1776년《국부론The Wealth of Nations》에서 통찰력 있게 제시한 개념이었다.

　다윈은 멜서스의 암울한 기하급수적 인구 증가의 논리에서, 세대마다 상당수의 종이 번식에 성공하지 못하고 죽을 수밖에 없다는 의미를 읽어냈다. 결국 그는 사회 구성원들이 서로 자원을 두고 경쟁하는 것은 불가피한 일이라고 보았다. 나아가 이 경쟁을 통해 가장 강하고 가장 잘 적응한 개체만이 살아남아 다음 세대의 후손을 생산할 수 있다고 생각했다. 또한, 노동자가 전문화할 때 생산성이 향상된다는 애덤 스미스의 개념에서 착안한 논리도 펼쳤다. 변종을 통해 종이 점점 복잡해지는 '전문화'가 결국 생존에 필요한 경쟁력을 제공하는 역할을 한다는 결론이다. 생존에 대한 압박이야말로 적응과 발전을 한꺼번에 이끌어 낸다는 것이다. 바로 이것이 오늘날 우리에게 익숙한 '자연선택에 의한 진화evolution by natural selection' 개념이다.

　인구가 기하급수적으로 증가하는 경향이 있다는 것은 다윈의 메커니즘에서 개체 간 경쟁이 핵심적인 지위를 차지하고 있음을 의미했다. 다윈의 진화 개념을 인류에게 적용해 보면, 인류는 인간 대 인간의 끝없는 생존 경쟁에서 결코 벗어날 길이 없는 것이다. 다른 사람들보다 더 성공한 자만이 자신의 형질을 다음 세대에 물려줄 수 있게 된다.[27] 빅토리아 시대의 윤리적 잣대로는 이렇게 뼛속까지 비도덕적인 이론은 받아들이기 어려운 것이었음은 말할 것도 없다.

---

27) 저자의 이 표현은 마치 라마르크식의 획득형질 유전을 암시하는 것 같아서, 다윈의 자연선택 개념을 설명하는 문맥에는 어울리지 않는다. ― 감수자 주

거부하기

지적인 설계자intelligent designer[28]를 배제하고 자연을 온통 죽기살기의 각축장으로 변모시킴에 따라, 그의 사상에 대한 종교계의 반발은 예상된 바였다. 하지만 과학계 내부에서조차 종의 기원에 대한 반발이 있었다는 점은 더욱 흥미롭다. 〈에든버러 평론Edinburgh Review〉에 익명으로 기고된 종의 기원에 대한 가차 없는 비평이 대표적인 사례다. 얼마 지나지 않아 그 비평을 쓴 사람이 밝혀졌다. 저명한 박물학자이자 한때 다윈의 친구였던 리처드 오언Richard Owen이었다.

오언의 비평은 조잡한 악평이나 다름없었다. 진화론에 기여한 다윈의 공을 어떻게 해서든 깎아내리는 한편 자신의 연구에 대해 장황하게 늘어놓았는데, 그중에서도 그가 다윈을 공격하는 방식은 참으로 흥미롭다.

오언은 따개비의 구조, 개미의 행동에서 벌이 육각형 벌집을 만드는 법에 이르기까지 다윈의 책에 실린 세세한 내용을 하나씩 검토했다. 그리고 나서 이렇게 말했다.

"《종의 기원》에 기록된 이런 사실들이야말로 가장 독창적인 관찰 결과들이다. 내가 추측컨대, 그럼에도 이 책의 진정한 가치는 바로 여기에 있다 — 종의 기원을 찾는 문제를 저자(다윈)가 발견한 지점에 아주 가깝게 갖다 놓았다는 점이다."

"과학계는 다윈이 생물학의 최고 난제인 종의 기원에 대한 이론을 뒷받침할 만한 새로운 관찰 증거를 찾기 바랐다. 그가 자연의 제諸신비의

---

28) 창조주인 신을 의미한다. — 감수자 주

신비mystery of mysteries를 밝힐 수 있는 독창적인 귀납 연구 결과를 내놓기만을 간절히 원한 것이었다. 하지만 그의 연구에서 전부는 아니더라도 단지 부분만을 떼어 놓고 보아도, 그 책에서 저자(다윈)가 제시한 관찰 결과는 대단히 실망스러운 것이다."

오언을 가장 짜증나게 했던 것은 다윈이 실질적으로 중요한 관찰이라고는 하나도 제시하지 않았다는 점이었다. 어쩌면 이런 지적이 전혀 틀린 건 아니라는 게 독자 입장에서는 놀라울 수도 있겠다. 하지만 그의 비판은 핵심에서 완전히 벗어난 것이었다.

다윈의 이론은 새로운 관찰에 대한 것이 아니었다. 다윈보다 3세기 전에 있었던 코페르니쿠스의 이론과 마찬가지로, 다윈의 혁명은 기존에 존재하던 지식을 새롭게 해석한 것에 있다. 평생 동안 새로운 표본을 수집하고 분석한 뒤 이를 통해 새로운 통찰력을 얻고자 했던 오언에게는 아마 이해하기 힘든 일이었을 것이다. 심지어 그는 진짜 과학자의 일이란 이론을 만들어 내는 일theorising이 아니라고 주장하기도 했다.

"동물학 분야의 꾸준하고도 귀납적인 발전은 모두 종의 기원과 관련된 가설연구를 멀리 했던 학자들이 이루어왔다."

여기서 오언의 말뜻은 바로 이것이다.
'더 열심히 연구해라, 다만 더 똑똑하게는 말고work harder, not smarter!'
또한, 그는 과학의 진보가 오직 연역적으로만 이루어질 수 있는 것이라고 주장한다.

"나는 종의 변화가 알 수 없는 어떤 힘에 의해 이루어지는 것이라고 주장해 왔다. 하지만 그러한 힘이 존재한다면, 그 힘의 법칙은 기존에 사용되는 과학적 방법론에 의해 이해될 수 있을 것이다. 따라서 미라가 된 따오기나 고양이, 악어의 뼈 및 다른 여러 가지 특성을 살아있는 것과 심오하고 세밀하게 비교한 퀴비에의 연구 결과나, 스위스 뇌샤텔 출신의 저명한 해양동물학자인 아가시[29]가 3만 년에 걸쳐 생성된 산호초에 대해 수행한 철학적 연구들은, 종의 기원에 대해 귀납적으로 밝혀내고자 하는 관점에서, 드 마예[30]나 뷔퐁[31], 라마르크,《자연사적인 창조의 흔적》[32], 바덴 포웰 목사[33], 그리고 다윈이 했던 어떤 추론보다도 훨씬 가치가 있다."

마침내, 그는 다윈의 연구가 과학 영역의 밖에 있는 것이라고 규정하려 애쓰며 다음과 같이 말한다.

"분류는 과학의 업무이지만 종species은 자연의 작품이다."

다윈을 거부하는 이러한 오언의 태도는 과학계의 리더들이 자신들 학파가 전복되기 전에 내놓는 전형적인 반응이다. 구세력의 리더였던 오언은 가라앉는 자신의 배로부터 탈주하려는 젊은이들을 보며 한탄한다.

"몇 안 되는, 아니 대부분의 젊은 학자들이 결국 '자연 선택'이라는 미

---

29) 알렉산더 아가시(Alexander Agassiz, 1835-1910), 스위스 태생 미국의 고생물학자, 지질학자, 동물학자. 주요 업적은 화석어류 연구이지만 산호초와 빙하도 연구하였다. — 역자 주

30) 브놔 드 마예(Benoît de Maillet, 1656-1738) — 역자 주

31) 조르주루이 르클레르 뷔퐁(Georges Louis Leclerc Buffon, 1707-1788). 프랑스의 박물학자. — 역자 주

32) 《자연사적인 창조의 흔적》96쪽 참고. — 역자 주

33) 바덴 포웰 목사(Baden Powell, 1796-1860) — 역자 주

명 하에 다윈이 내놓은 가짜 변이 가설에 혹하여 넘어가고 말았다."

오언은 직관적인 커크 선장만이 풀 수 있는 문제에 직면한 논리적인 스팍 박사였던 것이다. 이 이야기는 이제 그만하도록 하고, 다음 장에서 다룰 부분을 강조하고 있는 다윈의 언급으로 이 장을 마무리하도록 하자.

"태어난 것들 중에서 살아남는 것들의 숫자가 적기 때문에, 동종 개체 사이에서든, 다른 종의 개체와 또는 심지어 물리적인 생활 환경과의 투쟁에서든 어떤 경우에도 생존을 위한 투쟁이 존재할 수밖에 없다."
(다윈, 1859)

6

대륙과 혁명

"1950년대 미국에서는,
지질학 교수가 베게너 이론을 가르치기만 해도 해고당했다."

로버트 뮤어 우드Robert Muir Wood, 1985

다윈의 진화 이론은 학제간의 혁명이었다. 그는 화석학에서 발견된 생물학 분야의 문제를 해결하기 위해 경제학 사상을 사용했다. 이러한 다윈의 진화 이론은 다시 지질학의 위기를 유발했다.

19세기 말경 지질학은 과학의 분야에서 화석학 다음으로 크나큰 위기를 맞았다. 다윈의 새로운 진화 이론과 그의 증거가 되는 화석기록, 그리고 살아있는 종들 모두가 지질학자들에게는 새로운 문젯거리가 된 것이다. 다윈의 이론에 따른다면 지리적으로 동떨어져 있는 지역에서 동일한 종이 진화할 수 있는 확률은 거의 희박해서 사실상 불가능에 가까운 일이었다. 그러고 보니 화석기록상 남아메리카와 아프리카의 공룡들 사이에 분명 공통점이 존재하는 이유가 무엇인지 설명하기가 참 어려워졌다.

현대의 종들을 놓고 보아도 이와 비슷한 이상 현상들anomalies이 나타났다. 예를 들어서 마다가스카르의 야생동물들은 아프리카에서 비교적 멀리 떨어진 남인도 지역의 야생동물들과 매우 관련성이 높은 것으로 나타났다. 공룡들은 남아메리카와 아프리카 사이를, 여우원숭이는 마다가스카르와 인도 사이를 어떻게든 이동해 간 셈이었다. 19세기 지질학으로는 그러한 이동을 설명하는 것이 불가능했다. 많은 학자들은 이에 대해 당혹스러움을 감출 수 없었다.

지질학의 다음 문제는 산이 어떻게 만들어졌는지를 설명하지 못하는 데서 왔다. 지질학자들은 지질학의 정체성을 형성하는 암석층의 습곡 현상에 대한 해답을 갖고 있지 않았다. 더군다나 이 시기는 창조론의 지구 형성 이론에서 벗어난 때였다. 당시 창조론을 대체한 새로운 사상은 지구가 거대한 가스 덩어리로 형성되어 있다는 것이었다. 이 가스 덩어리라는 것은 뜨거운 용암으로, 이것이 식어 단단한 구형의 암석이 형성되었다는 것이다. 하지만 이러한 설명에 의하면 지구는 대리석처럼 매끈하면서도 속이 꽉 찬 고체여야 한다. 따라서 산맥과 대륙들의 문제는 풀리지 않는 숙제로 다시 남게 되었다.

또 다른 문제는 바로 직소 퍼즐과 같은 세계 지리에 대한 것이었다. 지도 제작자들이 보다 정확한 세계 지도를 제작하기 시작하면서 사람들은 아프리카의 서쪽 해안가가 남아메리카의 동쪽 해안가와 마치 퍼즐 조각처럼 맞아떨어진다는 것을 눈치챘다. 지도는 이후에도 점점 발전했다. 결국 지구상의 모든 대륙이 다시 정렬된다면 직소 퍼즐처럼 하나의 대륙을 이룰 수 있다는 사실을 알게 됐다. 나아가 아프리카와 남아메리카 대륙은 기본적으로 지질학적 특징이 일치하는 것이 밝혀졌다. 때문에 이 퍼즐 문제는 단순한 우연의 일치로 치부하고 지나치기에는 무리가 있었다. 물리학자인 알프레트 베게너는 이렇게 말했다.

"대륙의 지도는 마치 신문 한 장이 갈기갈기 찢겨져 있는 것과 같다. 제대로 정렬만 되면, 모든 모서리뿐 아니라 글자 하나까지도 맞아 떨어질 수 있다."

마지막으로 남은 것은 중력의 문제였다.

20세기 초 영국 정부는 인도에 대해 상세히 조사하기로 결정했다. 위성 중심의 위성항법시스템[34]이 없었던 때였으므로, 이 작업은 고통스러

---

34) 위성항법시스템은 현재 GPS(Global Positioning Systems)로 흔히 알려져 있다. ― 역자 주

울 정도로 손이 많이 가는 일이었다. 회전하는 망원경의 수평각과 수직각을 측정하는 측량기인 경위의經緯儀, theodolite를 사용해 삼각 측량하는 작업이 필요했던 것이다. 모든 대륙을 대상으로 한 대규모의 측량 작업은 이전에는 시도된 적이 없었기 때문에, 측량사들은 곧 예상치 못한 문제에 부딪혔다. 측정은 지구의 중심을 향해 수직으로 향한다고 생각되는 다림줄[35]을 이용한 것이었는데, 어떤 지역에서는 다림줄이 정확히 수직으로 내려가지 않았다. 지질학적 특성에 따른 중력 효과 때문에 일부 지역에서는 다림줄이 비스듬히 내려가는 것이었다.

북부 인도에서 다림줄은 히말라야 산맥에서 중력이 끌어당기는 힘에 영향을 받는다. 해안가에서는 대륙붕의 암석층과 해수의 밀도차에 영향을 받는다. 이러한 왜곡을 바로잡기 위해서는 평평한 대륙과 비교했을 때 산맥과 바다의 중력이 끌어당기는 힘을 계산해야 했다. 이는 사실상 바다와 산맥의 무게를 측정해야 함을 의미했다.

중력을 계산한 결과, 놀랍게도 대륙판이 바다에 비해, 산은 대륙에 비해 너무 가볍다는 결론이 나왔다. 히말라야 산맥은 그다지 무겁지 않았고 바다는 너무 무거웠다.

---

35) 수평, 수직을 헤아릴 때 쓰는 다림줄(plumb line). 추를 달아 늘어뜨린다. — 역자 주

이론의 과잉

이러한 관측 결과에서 학문의 위기가 시작되었다.[36] 이것은 오늘날 경제학 분야에서 일어나고 있는 사태와 맥을 같이 하는 흥미로운 사례다. 결국 지질학자, 물리학자, 지구과학자들은 다양한 사상의 학파들로 분열되어갔다. 각각의 학파들은 하나의 이상異常 현상만을 설명하는 데 치중했다. 각각의 이론들은 따로 놓고 보면 그럴듯해 보였지만, 하나의 논리적인 이론으로 연결시키기에는 무리가 있었다.

산 형성

산의 형성 작용을 설명하는 데에는 두 개의 유명한 이론이 생겨났다. 그 둘을 각각 쪼그라드는 사과 모델과 식고 있는 커스터드 모델이라고 부르기로 하겠다.

쪼그라드는 사과 모델에 따르면 지구는 뜨거운 용암 덩어리로 시작되어 바깥쪽부터 식어가기 시작했다. 녹아 있는 상태의 지구 내부를 덮고 있는 바깥 껍질에서 얇은 고체층이 형성되었다. 열 수축에 의해 내핵 inner core은 온도가 식어감에 따라 그 크기가 쪼그라들었다. 겉껍질은 여전히 크기를 유지하고 있는 상태였다. 이 때문에 붕 뜬 겉껍질이 결국 안쪽으로 접히며 우르르 붕괴했다. 이 모든 과정은 쪼그라드는 사과가 말라가면서 표면에 주름이 형성되는 과정과 흡사하다.

---

36) 위기 상황은 나오미 오레스키스(Naomi Oreskes)의 《대륙이동설을 거부하다(The Rejection of Continental Drift)》(1999)와 로버트 우드(Robert Wood)의 《지구의 어두운 면(The Dark Side of the Earth)》(1985)에 자세히 설명되어 있다.

쪼그라드는 사과 아이디어가 지닌 매력은 그것이 산맥과 대륙판의 형성을 설명할 수 있었다는 데 있다. 대륙 사이에 육교[37]가 형성되고 사라지는 작용을 통해 단절된 대륙 사이에 동물 종이 존재하는 것을 설명할 여지도 있었던 것이다. (이것은 육교 이론이라 불렸다.)

식어가는 커스터드 모델은 조금 달랐다. 이 모델에 의하면, 지구가 식어가며 지구 표면의 일부는 딱딱하게 굳어 고체의 암석으로 되었고, 고체로 변하지 않은 부분은 녹아 있는 상태로 남아있었다. 이후, 고체로 된 부분은 대륙판을 형성하였고, 녹아 있는 부분은 계속해서 식어가고 수축하여 바다를 아래로 끌어당기며 대륙을 우뚝 서게 만들었다는 것이다. 이 모델에 따르면, 대륙과 달리 산맥은 해저가 가라앉으면서 지각이 비틀어지는 과정에서 만들어진 것이었다. 이 모델은 미국에서 특히 인기를 얻었는데 그 이유는 바로 미국의 산맥이 대륙의 가장자리에 몰려 있는 경향 때문으로 보인다. (완전히 말도 안 되는 이론들을 제외하면 남는 건 이 모델 밖에 없긴 했다.) 미국과 달리 산맥이 내륙에 형성되어 있는 유럽과 아시아에서는 이 모형이 그리 큰 인기를 끌지는 못했다.

솔직히, 복잡한 습곡 형성은 차치하고라도 산맥 형성을 설명하는 데 두 이론 모두 설득력이 없기는 마찬가지였다. 게다가, 직소 퍼즐이나 화석 기록같이 지질학을 줄곧 괴롭혀온 거대한 이상 현상들에 대해서는 두 이론 모두 어떤 유용한 답도 내놓을 수 없었다. 그럼에도 불구하고 이 두 모델은 오랜 기간 학계의 압도적인 지지를 얻었다.

---

37) 육교(陸橋, land bridge)는 바다를 사이에 둔 지역을 연결하는 지협 등의 땅을 뜻한다. — 역자 주

풍선 이론

직소 퍼즐 문제를 해결하기 위한 또 다른 관점이 등장했다. 이번에는 지구의 수축이 아니라 팽창에 초점이 맞춰졌다. 지구가 원래는 훨씬 더 작았는데, 대륙은 그 작은 지구의 표면을 덮고 있던 껍질crust이었다는 시각이다.

여기에 따르면 지구가 풍선처럼 팽창함에 따라 단열을 따라 지각crust 이 찢겨 나갔다. 그 결과 완전히 하나였던 지각은 오늘날의 대륙들로 나뉘게 되었다. 바다는 마치 상처 조직이 새로 자라듯 대륙들 사이에 얇은 지각이 새로 형성된 형태인 것으로 보았다.

이 모델은 직소 퍼즐 문제에 대한 아주 그럴듯한 설명을 제공한 듯 보였다. 그러나 산맥이 어떻게 형성됐는지를 설명하기에는 적당하지 않았다. 팽창하는 풍선에서 산이 생겨날 수는 없는 일이니까 말이다. 게다가 지구가 왜 커졌는지도 설명할 수 없었다. 시간이 흐르면서 지구상의 원자들이 자연스럽게 증가한다는 물질 증가matter accretion라는 개념과 중력이 점점 약해져서 지구가 팽창할 수 있게 되는 것이라는 아이디어 정도가 나왔다. 그러나 이 중 어느 것도 그럴듯해 보인 것은 없었다.

두 가지 개념 모두 기존의 물리학을 고쳐 써야 할 정도로 불합리했다. 결함이 있는 과학을 살리기 위해 훌륭한 과학을 희생할 수는 없었기에, 풍선 이론은 곧 바람이 빠지듯 사그라졌다. 이로써 직소 퍼즐 문제는 설명할 길이 없는 명백한 변칙사례의 하나로 떠오르게 되었다. 대부분의 지질학자들은 이 대륙 조각 퍼즐을 거의 완전히 무시하는 방법을 취할 수밖에 없었다.

빙산 이론

사람들은 인도와 아메리카 측량에 의해 발견된 중력의 이상한 변칙사례를 설명할 길을 찾아 나섰다. 풍선 이론의 가장 유력한 도전자는 지각평형설isostasy이었다. 지각평형설은 대륙이 밀도 높은 액체 마그마 상태의 암석 위에 떠 있는 고체 암석이라고 주장했다. 즉, 대륙이 떠 있는 빙산과 흡사하다는 것이었다. 물 위에 떠 있는 얼음의 부피가 클수록, 그에 대한 부력을 제공하기 위해 물 아래에 있는 얼음의 부피도 커져야 한다. 이 이론은 히말라야와 같은 높은 산들에서 크기에 비해 상대적으로 중력이 작은 이유를 설명할 수 있었다.

지각평형설은 그럼에도 학자들의 엄청난 반대에 시달려야 했다. 지구물리학자들은 지구의 나이가 많기 때문에 지구가 이미 고체의 암석 덩어리로 굳어진 지 오래이며, 그러므로 지각 아래에 녹아 있는 상태의 기질molten substrate이 존재할 리 없다고 주장했다. 대부분의 지질학자들도 현 지구가 고체라는 생각에 빠져 있었다. 화산 아래에서 부글부글 끓다가 밖으로 터져나오는 액체 상태의 마그마라는 명백한 증거에도 불구하고 말이다. 녹아 흐르는 용암의 존재는 당시에 지배적이었던 패러다임에 의해서는 설명될 수 없다. 이렇게 간단히 지각평형설은 무시되었다. 다시 한 번 말하지만, 정설과 어긋나는 관찰 증거가 무시되는 일은 한두 번이 아니었다.

대륙 이동

오늘날 대륙이동설로 유명한 알프레트 베게너(1880~1930)는 매우 명망 있는 독일의 대기 물리학자였다. 따라서 당시 지질학 분야에서 그는 사실 완전한 아웃사이더였다.

1912년, 그는 지질학의 모든 주요 문제들을 단번에 해결할 수 있는 탁월한 이론 하나를 떠올렸다. 대륙 이동이라는 탁월한 아이디어는 지질학 분야의 경쟁 학파들의 아이디어 중에서 최고의 것만을 취한 것이었다. 우아하고 논리성을 갖춘 그의 모델은 지질학 분야의 주요 변칙 사례들을 모두 설명할 수 있었다.

지각평형설에 의하면 대륙은 액체 형태의 암석 위에 떠 있는 것이었다. 원래 하나의 거대 대륙으로 연결되어 있었지만, 오늘날의 모습으로 작게 부서졌다. 부서진 조각들은 지구상을 떠다니며 때때로 서로 충돌하기도 했다. 산맥과 습곡은 그래서 나타난다고 보았다.

베게너의 모델은 그 이상의 것을 설명할 수 있었다. 산이 어떻게 형성되는지에 대한 궁금증은 물론, 직소 퍼즐의 문제, 화석 기록, 중력의 변칙들과 마다가스카르의 여우고양이까지도 말이다. (마다가르카스는 원래 남인도에 붙어있던 것으로 밝혀졌다.)

대기 물리학자인 베게너가 지질학의 문제를 해결해 준 데에 대해 지질학자들이 기뻐했을 것이라고 생각할 수도 있을 것이다. 하지만 안타깝게도 그렇지 못했다. 지질학 분야의 기득권층은 단단히 방어 태세를 굳히고 그들이 선호했던 기존 이론을 감싸고 보호하기 시작한 것이다. 대부분의 지질학자들은 베게너의 아이디어를 단순히 거부했다.

베게너에게 던져진 비판은 다윈에게 쏟아진 비난과 놀라울 정도로 비슷한 것이었다. 존경받는 영국의 물리학자였던 켈빈 경Lord Kelvin은 지구가 고체의 암석으로 구성되어 있다는 자신의 이론을 옹호하려 애썼다. 1922년에는 저명한 미국의 지질학자인 해리 필딩 리드Harry Fielding Reid 가 대륙이동설을 검토하며 오언이 다윈에게 했던 것과 똑같이 베게너에 게 경멸적인 태도를 취했다.

"지구의 여러 특성들을 추론하기 위한 많은 이론적 시도가 있었지만 모두 실패했다. 이것도 그것들과 마찬가지다. 과학은 고통스러울 정도 의 관찰들을 비교하고 꼼꼼하게 결론을 유도함으로써 발전해 온 것이 지, 원인을 추측하고 나서 현상을 연역적으로 추론하는 방식으로 발전 한 것이 아니다."

베게너에 대한 리드의 비판과 다윈에 대한 오언의 비판 사이의 공통점을 눈여겨보자. 두 명 모두 과학의 진보는 오직 더 많은 측정을 통해서만 이룩 되는 것이라고 주장하면서 과학이 직관적인 도약을 통해 진보할 수 있다 는 생각에 저항했다. 오언과 마찬가지로 리드 또한, 커크 선장처럼 똑똑하 게 일하는 게 아니라 스팍 박사처럼 열심히 일하기만을 원했던 것이다.

대륙이동설에 대한 논란 가운데 가장 흥미로운 부분은 당시 과학자들 이 지구 내부가 녹아있는 상태라는 것을 믿지 못했다는 데 있다. 화산 활 동과 지진이라는 극적이고 명백한 증거가 있는데도 말이다. 쿤의 분석에 의하면 그 이론들에는 지구 내부가 '어떻게' 액체 상태로 있는 것인지에 대한 설명이 없었다. 단지 그 때문에, 지질학자들은 용암이 흘러내리고 있 는 것을 보고도 그것이 무엇을 의미하는지 알려고 하지도 않았던 것이다.

베게너가 대륙 이동의 아이디어를 발표한 지 얼마 지나지 않았을 무렵, 퀴리 부부 피에르 퀴리Pierre Curie와 마리 퀴리Marie Curie가 방사성 붕괴를 발견했다. 지구 핵이 녹은 상태로 유지되기에 충분한 열을 발생하는 이 방사성 붕괴에 대한 아이디어가 받아들여지게 되자, 지각 아래 녹아 있는 상태의 핵이라는 아이디어도 지지를 얻기 시작했다. 고열의 액체 핵液體核, hot fluid core 내부에 대류 전류가 있어 대류을 이동시키는 힘으로 작용한다는 것도 밝혀졌다. 지질학자들은 이렇게 방사성 발열[38]이라는 그럴듯한 이론이 등장하자 비로소 녹아있는 지구의 핵이라는 현실을 받아들일 수 있었다. 그러한 이론 없이는 지질학자들의 입장에서 고체의 지구 모델을 부정하기에 녹은 상태의 용암이라는 관찰 증거만으로는 충분하지 않았기 때문이다.

대륙 이동의 명백한 동력으로 작용하는 액체 상태의 핵과 그것을 지지하는 수많은 경험적 증거가 있는데도, 베게너의 아이디어에 대한 지질학자들의 반대는 1960년대까지 계속되었다. 쿤이 설명했듯, 새로운 이론이 오래된 사고방식을 바꾸기는 쉽지 않다. 베게너의 패러다임은 뛰어나게 간단하고 명백히 우수했지만, 완전히 받아들여지기 위해서는 구세력이 물러날 때까지의 기다림을 필요로 했던 것이다.

혁명의 교훈들

쿤에서 시작해 코페르니쿠스, 하비, 다윈, 그리고 베게너에 이르기까지 함께해 준 모든 독자들에게 감사드린다. 이제는 지금의 경제학을 괴롭히

---

38) 방사성에 의해 만들어진 열(radiogenic heat) — 역자 주

고 있는 과학 위기라는 본론으로 넘어갈 때인 것 같다. 그런 다음, 이 위기에서 벗어날 방법이 소개된 다음 부분으로 가 보자.

그전에 필자가 과학적으로 용납받지 못할 한 가지 선택 편향을 저지른 점에 대해 고백해야 할 것 같다. 지금까지 다루어진 네 개의 과학혁명들은 무작위로 선택된 것들이 아니다. 역사상 많은 과학혁명들 중에서 현 경제학의 위기와 그에 대한 해결책과 공통으로 관련된 점이 있었기 때문에 이 네 가지 이야기를 선택했다는 점을 밝히고 싶다.

네 개의 이야기에는 한결같이 정태적이고 균형에 중심을 둔 기존 패러다임에 대한 독단적인 집착 때문에 과학의 진보가 저지 당했다는 사실이 나타난다. 천문학은 지구를 중심으로 한 사고에, 의학은 체액의 균형 상태에, 생물학에서는 변하지 않는 종에, 지질학은 고체 형태의 지구에 집착했다. 이 모든 경우에 과학 진보를 향한 여정은 균형 패러다임 equilibrium paradigm을 전복하고 동태적이면서 대체로 순환적인 패러다임을 향해 나아가기는 했다. 그런 방식으로 코페르니쿠스는 태양을 중심으로 회전하는 지구, 하비는 몸을 순환하는 혈액의 존재, 다윈은 진화하는 종, 그리고 베게너는 지구 중심부의 순환하는 전류에 의해 움직이는 대륙을 고안해 냈다.

오늘날 경제학을 지배하고 있는 학파 또한 정태적인 균형 패러다임이다. 이 책의 나머지 부분은 경제학 이론의 이러한 패러다임을 거부하고, 대신에 순환적인 패러다임을 채택하고자 하는 논의가 되겠다.

경제학

ECONOMICS

7

혁명의 때가
무르익다

"제조업에서와 마찬가지로, 과학에서도 연장을 새로 만드는 일은
그것이 요구되는 경우만을 위한 일종의 여벌 장비 같은 것이다.
위기란 바로 이렇게 연장을 새로 만들 때가 도달했음을 가리키는 현상이라는 면에서
그 중요성을 찾을 수 있다."

토머스 쿤Thomas Kuhn

1999년, 조지 부시 전 대통령의 경제 자문을 역임한 에드워드 레이지어Edward Lazear는 〈경제학 제국주의Economic Imperialism〉라는 흥미로운 제목의 논문을 발표했다. 그는 자신의 논문을 다음과 같은 대담한 주장으로 시작한다.

"경제학은 단순한 사회 과학이 아니라 진정한 과학이다. 물리학처럼 경제학도 논박 가능한 결과를 생산하고 견고한 통계학 기술을 이용하여 이러한 결과를 검증하는 방법론을 사용한다. 특히, 경제학자들은 경제학을 다른 사회 과학의 학문들과 구별하기 위해 세 가지 요소를 강조한다. 그들은 극대화 행태maximising behaviour를 보이는 이성적인 개인이라는 개념을 사용한다. 경제학 모델은 어떤 이론의 일부로서 균형 상태의 중요성을 고수한다."

레이지어의 논문은 시간을 들여 읽을 만한 것으로, 오늘날 경제학에서 지배적인 위치를 차지하고 있는 신고전주의학파에 대해 우아하게 설명하고 있다. 하지만 정말 경제학이 진정한 과학으로서의 입지를 충분히 다졌다고 할 수 있는가? 몇몇 경제학자들은 경제학이 과학 학부에 편입되기에 충분하다고 생각하겠지만, 다음의 우스갯소리에서 보듯이 대부분의 세상 사람들은 그렇게 생각하지 않는다. 경제학이야말로 매년 시험 문제가 바뀌지 않는 유일한 과목이다.

계속 바뀌는 것은 바로 문제에 대한 답이다!

이번 장의 목적은 외부로부터 경제학 내부를 들여다보려는 객관적인 관찰자에게, 오늘날 경제학이 토머스 쿤이 설명한 과학 위기의 혁명 전 단계에 이르렀다는 증상을 보이고 있음을 밝히는 것이다. 이 진단이 맞는 것이라면, 불행하게도 경제학은 아직 진짜 과학이 아니라는 말이 된다. 하지만 이는 패러다임 전환paradigm shift이 이루어질 희망이 존재한다는 뜻이기도 하다. 이를 통해 경제학이 진정한 과학의 길에 들어설 수 있는 것이다.

경제학의 위기를 알리는 징후들은 크게 다음과 같다.

1. 하나의 과학으로 여기기에는 너무 많은 수의 양립할 수 없는 학파들로 경제학이 분열되었다. 이 점에서는, 현재의 경제학이 코페르니쿠스 이전의 천문학, 다윈 이전의 생물학, 그리고 베게너 이전의 지질학의 상태와 유사하다고 할 수 있다.

2. 경제학의 다양한 학파들 간 논쟁이 분열되었다. 다양한 패러다임들은 서로 양립 불가능하며, 상대 학파가 정당한 입장을 취해도 그것을 인정하지 못한다. 경제학의 영역과 그를 다루는 방법론에 대한 근본적인 견해 차이가 존재하는 것이다.

3. 경제학자들이 사용하는 수학적 모델들의 수와 복잡성이 증가하고 있다. 그럼에도 수학적 모델의 예측능력은 눈에 띄게 향상되고 있지 않다.

4. 경제학의 중요 학파들은 대부분 과학적이지 않은 방식으로 운영되고 있다. 현실 경제를 모델로 삼으려 하기보다는 현실 경제를 그들 자신의 모델에 맞추어 개혁하려고만 하기 때문이다.

5. 경제학의 주류인 신고전주의학파는 다른 분야에 의해 이미 논박당한 공리를 기반으로 구축되어 있다. 한편, 대부분의 비주류 학파들도 논리적으로 결함이 있는 주장들에 기반을 두고 있다.

6. 경제학 전문가들 스스로도 시간이 지남에 따라 상당한 불일치를 보이고 있다. 많은 경제사상의 학파들은 아주 비과학적이게도, 그 당시의 경제 기상도氣像圖에 맞추어 자신들의 입장을 손바닥 뒤집듯이 바꾼다.

7. 마지막으로, 중요한 경제문제에 대해서는 아무런 응답도 나오지 않은 상태가 계속되고 있으며, 몇몇 중요한 문제들에 대해서는 아예 질문조차 제기되지 않고 있다. 패러다임에 맞지 않는 어려운 질문들을 무시해 버리는 이러한 경향은 아주 비과학적인 것이다.

'시민적이지 않은 전쟁' 상태의 경제

이번 장에서 나의 원래 의도는 각 경제학파가 믿고 있는 내용들을 정의하고 이 정의들을 이용하여 여러 학파들을 비교대조하려는 출발점으로 삼으려는 것이었다. 하지만 그 과정에서, 곧 경제학이 프랙털 구조 fractal structure로 발전해 왔다는 결론을 얻었다. 즉, 다양한 경제학파의 사상들은 아무리 가까이 들여다보아도 그들의 위치를 도저히 잡아낼 수 없을 정도로 한없이 꼬여들어가 있는 복잡한 해안선coastline과 같았다. 이론 사이에 보이는 것은 오직 겹겹의 정교하기만 한 세분화와 의견의 불일치뿐이었다. 이렇게 분열된 프랙털 구조는 경제학 전반에 가공할 만한 방어 메커니즘을 제공한다. 프랙털 구조는, 복잡하게 얽혀있는 여러 정의들에 휘말려 들어가지 않고서는 그 세부 분야를 거의 조사하거나 논의할 수도 없게 만드는 역할을 한다. 논의하고 있는 대상을 정의 내리지 못하면, 그 분야에 대한 어떤 효과적인 비평을 한다는 것 자체가 극도로 어려워지는 법이다.

이 정보 과다의 문제를 단번에 해결하기 위해, 유명한 '6만 피트 견해'[39]를 취해 경제학 사상들 중 가장 널리 알려진 학파들로 논의의 대상을 좁히기로 했다.

고전학파classical, 신고전학파neoclassical, 리버테리언학파libertarian[40], 통화주의monetarist, 케인스주의Keynesian, 오스트리아학파Austrian, 마르크스주의Marxist, 제도학파institutional, 그리고 행동경제학파behavioural school가 그 이름들이다.

이 방법에는 적어도 어느 정도는 각각의 학파들이 경제학의 특징적인 세부 분야를 대표한다는 전제가 있음을 조건으로 한다. 하지만 그 세부

---

39) 6만 피트는 약 1만 8288km에 달하는 길이다. '6만 피트 견해(The 60000-ft view)'란 당장 눈앞에 닥친 일들에서 한 발자국 뒤로 물러나 일의 큰 그림을 파악하라는 뜻으로 쓰이는 관용적 표현이다. — 역자 주
40) '자유주의'로 번역하지 않고 단순히 리버테리언으로 표기한 이유는 138쪽 감수자 주 참조

분야들이 각각 무엇을 의미하는지를 정의하는 일이란 아주 까다롭다. 더 나은 방법이 없으므로 나는 각각의 학파에 내 자신의 정의를 내리기로 했다. 내가 이 책에서 묘사한 각 학파들의 특징에 대해 독자들이 동의하지 않을 수도 있다. 비록 독자 여러분이 어쩔 수 없이 나의 정의에 동의하지 않는다 해도 오늘날 경제학의 다양한 학파들 사이에 다루는 대상의 구분division과 불일치inconsistency가 존재한다는 이 장의 핵심 주장은 부디 놓치지 말아 주시기를 바란다. 경제학이 위기를 맞았음을 보이는 증거는 바로 이 구분과 불일치에 있는 것이지 결코 각 학파에 대한 정의의 차이에 있는 것이 아니다.

각각의 학파들에 대해 더 심도 있는 논의로 들어가기 전에, 한 가지 더 분명히 해둘 것이 있다. 존 메이너드 케인스John Maynard Keynes는 금융 시장을 예측하는 일의 어려움에 관해 흥미로운 관찰을 했다. 그는 시장 예측을 미인대회 결과를 예측하는 일에 비유했다. 그의 말에 따르면 문제는 가장 아름다운 여성을 고르는 것이라기보다, 심사위원들이 가장 아름답다고 생각할 만한 여성을 예측하는 일이다. 비유는 케인스 자신과 같은 경제학자들은 물론이고 그들의 이론에 대한 비유라고 할 수 있다. 경제학에서 중요한 것은 위대한 경제학자들이 무엇을 말했느냐가 아니라 이 시대의 지지자들이 그들의 어떤 주장을 믿고 있느냐다.

내가 이렇게 단도직입적으로 말하는 이유는 경제사상의 주류 학파들이 모두 역사상 한 명 이상의 대가급 경제학자와 연관되어 있기 때문이다. 오늘날 다양한 학파늘이 수장하는 사상을 자세히 늘여다보면 그늘이 전하는 메시지란 원조 사상가의 생각을 살짝 덧칠하거나 휴리스틱

heuristic[41]으로 단순화하거나 명백히 희화한 것들에 불과하다. 이 점은 학파들을 정의하는 데 있어 두 번째 문제점을 야기한다. 예를 들어, 케인스주의Keynesianism에 대해 논의할 때, 우리는 실제 케인스의 주장에 대해 이야기해야 하는 것인가 아니면 오늘날 케인스주의자들의 주장에 대해 말해야 하는 것인가? 후자일 것이다. 케인스의 실제 생각이 어쨌건 오늘날의 재해석이 현 정책 결정을 좌우하기 때문이다.

자, 이제 고전의 명품들이 근대 표현주의 방식으로 재탄생한 모습에 대해 살펴 보자.

고전학파 그리고 신고전학파 경제학

스코틀랜드 출신 철학자인 애덤 스미스Adam Smith는 근대 경제학의 아버지로 불린다. 그는 1776년에 출판한 자신의 걸작인《국부론The Wealth of Nations》에서 고전학파 경제학이라고 알려지게 된 경제학의 핵심 교의를 펼쳤다. 약 250년 뒤, 경제학의 주류 학파가 된 신고전학파도 그 근원을 애덤 스미스에게서 찾았을 정도로 영향력은 대단했다.

노벨상 수상자인 조지 스티글러George Stigler(1911~1991)는 신고전학파 경제학이 애덤 스미스로부터 어떤 영향을 받았는지에 대해 이렇게 언급했다.

"스미스는 굉장히 중요한 업적을 남겼다. **경쟁 환경에서 자신의 이익을 추구하는 개인의 행동에 대한 체계적 분석을 경제학의 중심에 포함시**

---

41) 이론적이거나 원칙적인 방법 대신에, 경험에 기반하거나 실무상의 필요에 맞추어 개발해 낸 간편한 문제 해결법을 의미한다. — 감수자 주

킨 것이다. 이는《국부론》에서 왕관 위의 보석과 같은 것이다. 오늘날까지도 자원 배분 이론의 기초로 남아있는 이론이기도 하다. 자원이 가장 이익이 되는 곳으로 배분되면 **균형 상태**equilibrium에서는 다양한 곳에 사용되는 자원의 수익률이 모두 같아질 것이라는 전제는 여전히 경제학 전반에 걸쳐 가장 중요하고 실질적인 명제다."

"스미스가 경쟁 환경에서 **자기 이익을 추구하는** 개인이라는 발상을 한 것은 보편성이라는 측면에서 뉴턴주의적Newtonian이다. 스미스가 체계적으로 연구한 것도 아니었던 이러한 개념이 오늘날 사회적 행동양식과 경제학의 전반에 널리 퍼져있다는 것은 그의 업적의 위대함과 영속성에 대한 찬사와 같다." [강조는 저자가 추가함] (스티글러, 1976)

이 말에는 고전 경제학을 정의하는 핵심 사상이 담겨있다. 개인이 서로 경쟁하며 자기 이익을 위해 행동하면 균형 상태의 체계를 이룬다는 것이다. 이것은 바로 뉴턴의 법칙이 물리학의 기본 원칙인 것과 마찬가지로 경제학의 보편적 진리universal truths가 되었다.

최근, 미국의 연방준비제도이사회FRB, Federal Reserve Bank 의장을 역임했던 앨런 그린스펀Alan Greenspan은 애덤 스미스에 대한 기념비적인 강의를 했다. 요지는 다음과 같다.

"국부론이 없었다면, 산업혁명는 19세기에도 끝나지 않았을 것이나. 스미스가 오늘날 **자유시장**free market 자본주의라고 부르는 것에 대한 내재적 안정성inherent stability과 성장을 입증하지 않았다면 전 세계 모든 국가들이 물질적인 면에서 이렇게까지 눈부신 발전을 이루어낼 수 없었을 것이다. 경쟁으로 유발된 스트레스와 산업화의 명백한 병폐가 심해지면서 중상주의적 규제를 강화해야 한다는 압박이 심해졌을 것이다. 국제 경제가 스미스의 보이지 않는 손에 의해 인도당하지 않았더라면 오늘날 국제 거래에 의해 조성된 상대적인 경제 **안정성**은 상상할 수도 없었을 것이다." [강조는 저자가 추가함] (그린스펀, 2005)

그린스펀은 여기서 자유시장과 탈규제를 강조하며, 그 해석의 중심에 안정성이라는 개념을 놓고 있다. 자유시장 자본주의에 내재한 안정성이 애덤 스미스에 의해 제시된 것임을 단적으로 밝힌 것이다.

경쟁적인 자유시장체계에서 개인의 이기심 추구가 허락된다면 경제가 최적의 균형 상태에 이를 수 있으며 이를 통해 사회 전체의 이익이 극대화된다는 사실이 고전학파 경제학이 주장하는 핵심 사상이라는 점은 논란의 여지가 없다고 생각한다. 경쟁적으로 이기심을 추구하는 것이 결국 사회 전체의 이익을 도모하는 일이라는 개념이야말로 스미스의 유명한 '보이지 않는 손'이 의미하고자 하는 것이다.

"개인은 자신의 자본이 얼마든 가장 이익이 되는 곳에 참여하기 위해 끊임없이 애쓴다. 그 이익이라는 것은 자기 자신에게 이익이 되는 것일 뿐, 사회의 이익을 염두에 두고 있는 것은 아니다. 자기 자신의 이익을 도모하는 행위는 자연스럽게, 그리고 어쩌면 필연적으로 사회 전체에 가장 이익을 많이 주는 일자리를 찾는 행위로 이어진다. … 개인은 자신의 이익만을 추구하지만, 이런 대다수의 경우에 개인은 어떤 보이지 않는 손에 이끌려 그가 의도하지 않았던 어떠한 결과를 촉진하게 되는 것이다." (스미스, 1776)

이로부터 바로 고전경제학파들이 주장하는 기본 철학, 즉 사회란 실현 가능한 한도 내에서 자신의 이익을 추구하는 개인으로 구성된 것이라는 철학이 나온다. 경제활동에 관한 정부의 간섭은 이상적인 자유시장체계에는 방해물로 기능할 뿐이어서, 최소화되거나 제거되어야 하는 것이 된다. 따라서 고전경제학파들의 이론은 사적 영역의 경제에만 국한된다. 정부의 영역은 완전히 무시되거나 안타까운 왜곡으로 취급될 뿐이다.

고전학파 경제학이 신고전학파 경제학으로 전환되는 과정은 다음과 같다. 스미스의 생각을 우선 수학적인 공리로 바꾸고, 그런 다음 그러한 공리들을 이용해 경제를 묘사할 수 있는 수학적인 모델을 도출했다. 이러한 접근법의 근저에는 스티글러도 주장했듯, 스미스의 개념이 **보편성의 면에서 뉴턴주의적**Newtonian 진실을 표현한다는 전제가 깔려 있다. 즉, 신고전학파 경제학은 경제 작동의 방식을 묘사할 보편적인 수학적인 모델을 마치 물리학자들이 자연 현상을 묘사하는 법칙을 찾는 것과 같다고 보았다. 과학적인 탐구로 여긴 것이다. 신고전학파의 과제는 바로 스미스의 통찰력을 가능한 한 뉴턴의 물리학Newtonian physics처럼 보이도록 만드는 것이었다.

경제학자 크리스티안 안스페르거Christian Arnsperger와 야니스 베루파키스Yanis Varoufakis는 최근 공동으로 펴낸 〈신고전학파 경제학이란 무엇인가?What is Neoclassical Economics?〉라는 논문을 통해 신고전학파 경제학이 다음과 같은 세 가지의 공리로 귀결된다고 밝혔다.

1. 개인주의: 개인은 이기심을 기반으로 각자 독립적으로 결정을 내린다.

2. 극대화: 개인이 내린 결정은 항상 자기 자신의 이익을 극대화하는 방향으로 내려진다.

3. 균형: 개인의 이런 모든 최적화 의사결정의 결과로 최적의 균형을 가진 안정적 체계가 도출된다.

경제학 내에서 가장 심각하게 다루어지는 많은 논쟁은 바로 이러한 세 개의 공리에 대한 것이다. 적어도 신고전학파 경제학자들 중 몇몇은 균형 상태가 하나의 독립된 공리라는 데에 이의를 제기하면서, 균형 상태란 처음 두 공리에 따른 어쩔 수 없는 결과일 뿐이라고 주장하려고 했다. 신고전학파의 논법은 분명히 앨런 그린스펀이 '스미스가 오늘날 자유시장 자본주의라고 부르는 것에 대한 내재적 안정성과 성장을 입증했다'는 식으로 비약을 했던 논리와 일맥상통한다. 이 논법만 보면 얼핏 스미스가 안정성을 가정한 것이 아니라 마치 증명한 듯한 인상을 받기 쉽다. 물론 대부분의 신고전학파 경제학자들은 경제적 균형 상태가 스미스에 의해서가 아니라 1870년대에 레옹 발라[42]에 의해서 표현된 것이라고 주장

---

42) 프랑스의 경제학자인 레옹 발라(Léon Walras, 1834~1910). 영어 발음으로는 '왈라스'라고 불린다. 저서 《순수경제학요론》에서 한계효용이론 등의 개념을 이용하여 경제수량의 상호의존관계를 수학적으로 포착한 일반균형이론을 확립함으로써 근대경제학 발전에 큰 공적을 남겼다. ─ 역자 주

하려 들 것이다. 그럼에도 불구하고 경제적 균형 상태는 그것이 공리인지 아닌지를 떠나, 여전히 신고전학파 패러다임의 아주 깊은 곳에 자리 잡고 있다.

신고전학파 경제학파들이 마주한 다양한 과제들에 대해 논의하기에 앞서, 방 안의 코끼리[43], 더 정확히는 방 안에 있지 않은 코끼리에 대해 다시금 강조하는 일이 필요할 것이다. 신고전주의학파는 이기적인 개인들의 행동을 이해하는 기틀이다. 고도로 발달된 현대 경제에서는 반 이상의 경제활동이 정부에 의한 것이라고 봐도 좋을 것이다. 하지만 신고전주의적 이론의 틀 안에 정부는 존재하지 않는다. 만약 신고전주의의 기틀에 정부가 통합된다면, 그것은 명백한 왜곡이 되어버린다.

하지만 신고전학파의 틀 안에 정부를 통합하지 않고서는 신고전학파는 결코 현대 경제를 다루는 하나의 완전한 과학 모형이라고 볼 수 없다. 바로 이 점이 신고전학파 경제학을 과학으로 보는 견해에 대한 나의 첫 번째 불만이다. 이것은 마치 삼두박근을 제쳐놓고 이두박근의 구조만으로 팔의 구조를 공부하는 것과 같다. 신고전주의 경제학은 경제체계의 절반에 해당하는 부분을 완전히 무시한다는 점에서 과학적이지 않은 것이다.

---

43) 공공연하게 밝히기는 어렵지만, 누구나 알고 있는 부담스러운 문제를 뜻하는 표현으로, 여기서는 신고전학파의 이론에서 정부에 대한 논의가 빠져있다는 것을 비유적으로 말하고자 함이다. — 역자 주

오스트리아 경제학파

오스트리아 경제학파는 종종 신고전학파와 같은 것으로 오인을 받곤 한다. 실제로 이 두 학파는 많은 면에서 차이가 있다. 오스트리아와 신고전학파 사이에서 가장 눈에 띄는 논쟁은 균형의 개념에 대한 것이다. 신고전학파는 경제의 자연스러운 상태가 바로 균형 상태라고 믿는다. 그래서 만약 균형 상태가 무너져도 이내 균형 상태가 자동적으로 회복될 것이라고 본다. 반면 오스트리아학파는 경기가 호황과 불황의 순환boom-bust cycle을 자생적으로 내포한다고 본다. 실제의 경제가 균형 상태 주위를 왔다 갔다 하는 것이라고 믿는 것이다.

경기가 호황이면 당장 은행은 더욱 자유롭게 대출을 해 더욱 경기가 살아난다. 경제가 불황이면 신용을 제한해 약한 경제 상태를 유발하거나 대출을 줄이며 분위기를 더욱 악화시킨다. 이는 이해하기 어려운 논쟁도 아니거니와 이를 뒷받침하는 믿을 만한 경험적 증거도 아주 많다. 하지만 이들의 주장은 신고전학파의 세 가지 공리 중 처음 두 개의 공리를 곧이 곧대로 받아들이고 있다.

오스트리아학파에 따르면, 호황과 불황의 경기순환은 신용 사이클[44]에 의해 유발된다. 오스트리아학파의 관점으로 보면, 신용 사이클은 개개인의 경제 의사결정들을 일제히 동조화synchronise 시킴으로써 독립적인 개인의 의미를 퇴색시킨다. 그 결과, 개인은 더 이상 개인으로서 행동하지 않으며, 집단적인 의사결정을 하는 무리로서 행동한다. 이러한 집단적 의사결정은 균형 상태로 향하는 자연스러운 경향을 약화시키고 그 결과

---

44) 신용 사이클(credit cycle)은 신용 순환이라고 불리기도 한다. — 역자 주

순환적인 행태를 유발하게 된다.

그러므로 오스트리아학파와 신고전학파 간의 충돌이 일어나는 핵심은 바로 경기 주체들이 무리 지어 다니는 동물(가령 영양)처럼 행동하는지 단독으로 활동하는 동물(가령 표범)처럼 행동하는지를 정하는 일이었다.

다수의 신고전학파 경제학자들이 경제활동의 주체들을 단독으로 행동하는 개인이라고 생각한 반면, 소수의 오스트리아학파 경제학자들은 그렇지 않다고 생각했다. 영화 〈라이프 오브 브라이언Life of Brian〉에서 군중이 입을 모아 "네, 우리는 모두 개인입니다"라고 선언하는 중 의연한 목소리 하나가 이의를 제기하며 "저는 아닙니다"라고 뒤따르는 장면을 떠올려 보자. 신고전주의학파 무리가 일제히 "네, 우리는 모두 개인입니다"라고 외치고 있는 한편, 고독한 오스트리아학파는 "저는 아닙니다"라고 답하고 있는 것이다.

개인주의에 대한 이러한 의견 차이로 인해 오스트리아학파와 신고전학파의 정책 추천이나 경제학의 방법론에 극명한 차이가 생긴다. 오스트리아학파는 경제의 통화通貨를 금과 연계하거나 아니면 은행의 대출확대 능력을 억제하기 위한 목적으로 하는 통화제도 개혁을 옹호하는 경향이 있다. 이러한 조치는 은행과 차입자들이 무리를 지어 행동함으로써 신용 사이클이 불안정해질 수 있는 잠재적 폭을 줄이고자 하는 의도도. 이와 달리 신고전학파는 이러한 헌싱을 인정하지 않으며 아예 은행 신용이나 통화정책에 대해서는 발언을 극히 삼가는 경향을 보인다.

오스트리아학파는 경제 내에 어떤 방향으로 의사결정을 쏠리게 하는 힘이 있다고 믿는다. 또, 단순하게 개인의 의사결정 결과를 합산하는 방식으로 경제를 수학적으로 모형화하는 일이 가능하다고 생각하지 않는다. 그래서 오스트리아학파는 신고전학파의 수학적 모델을 위험천만할 정도로 순진한 것이라고 여기면서 수학 모형에 반대한다.[45] 반대로 신고전학파는 오스트리아학파를 가리켜 수학을 할 줄 모르고 비과학적으로 사람들을 현혹시키는 이들이라고 여긴다.

경제학의 핵심 원리와 기본적인 방법론에 대한 관점 차이는 신고전학파와 오스트리아학파 간의 생산적인 대화를 상당히 힘들게 한다. 두 학파 모두 어느 정도 쿤의 통약불가능성 문제를 겪고 있다. 예를 들어 경기침체에 대해서 오스트리아학파는 개인들의 무리 짓는 행동에 의해 체계 내에서 발생한 현상으로 상황을 이해하고자 할 것이다. 이와는 반대로 신고전주의 경제학자들은 경제를 균형 상태에서 멀어지게 하는 외부 요소를 그 원인으로 찾으려 할 것이다.

철학적으로 보면 오스트리아학파는 경기순환business cycle을 경제에 필수적이며 건강한 면으로 인식하고 있다. 전체 경제체제에서 경쟁력이 약한 기업과 과도한 신용을 제거해 상대적으로 더 강한 기업이 그 자리를 대체할 수 있도록 하기 위해서 소위 창조적 파괴creative destruction(경

---

45) 오스트리아학파 중에서도 멩거(Carl Menger)나 뵘 바베르크(Eugen von Böhm-Bawerk) 계열의 구오스트리아 학파는 한계효용과 기회비용 개념을 중시했고 미제스(Ludwig von Mises)나 하이에크(Fridrich von Hayek)와 같은 신오스트리아학파는 개인의 자유로운 선택을 중시한다. 저자가 강조하는 무리 짓는 개인과 그에 따른 경기변동이론의 순환적 특성은 이 신오스트리아학파의 사상에 주로 연원을 둔다. 수학 모형의 가치에 대해서도 뵘 바베르크의 제자인 슘페터(Joseph Alois Schumpeter)는 대단히 긍정적으로 본 면이 있다. 이 사실을 염두에 두고 저자의 극단적인 이분법을 주의해서 해석하기 바란다. — 감수자 주

기후퇴)⁴⁶⁾의 주기적 파동이 꼭 필요한 것이라고 본다. 순수한 의미⁴⁷⁾의 신고전학파는 경기순환을 이해하는 프레임을 갖추고 있지 못하여 경기순환 현상을 정부의 정책 오류나 외부 사건의 탓으로 돌리곤 한다.

오스트리아학파와 신고전학파가 입장을 완전히 같이하는 부분은 낮은 저율의 과세, 느슨한 규제, 그리고 정부 최소화다. 이 때문에 그들이 내놓는 정책적 조언은 때로 비슷해 보인다. 외부 관찰자에게 이 두 학파를 구별하는 것은 혼란스러울 수도 있다. 그러나 정책적인 관점에서 보면 오스트리아학파의 경제학은 신고전학파의 이론에 은행과 통화 개혁 내용을 추가한 것과 같다.

저율低率의 과세와 느슨한 규제를 옹호하는 것은 일반적으로 민간 기업에 좋게 들리는 반면, 은행이나 통화 개혁 문제는 적어도 금융 산업계에서 반길 내용은 아니다. 이러한 이유로 신고전학파의 경제학은 오스트리아학파의 주장에 비해 민간 기업에 더 인기가 있다. 하지만 오스트리아학파도 신고전학파와 마찬가지로 정부를 핵심 패러다임으로 통합하려는 노력은 기울이지 않는다. 더불어 아무리 경기순환이 반복된다 하더라도 정부란 체계의 왜곡에 불과하기에 정부가 없는 편이 더 낫다고 보고 있다. 그러므로 이 또한 현대 경제 시스템에 대한 반쪽짜리 모델에 지나지 않는다.

---

46) 저자는 창조적 파괴와 함께 괄호 안에 경기후퇴(recession)를 병기해서 표현하고 있으나, 이 두 개념은 전혀 다른 것이다. 오해의 소지가 있다. 다만 저자는 이런 과정이 반복해서 일어나는 현상이 자연스러운 것이라는 오스트리아학파의 사상을 부각하기 위해 이렇게 표현했을 것이라고 추측한다. — 감수자 주

47) 저자는 어디까지나 '순수한 의미'의 신고전학파라고 말했음에 유의하라. 결과적으로 신고전학파 계열의 연장선상에 있는 힉스(John Hicks)나 새뮤얼슨(Paul A. Samuelson) 등은 고유한 경기순환이론을 제시한 바 있다. — 감수자 주

리버테리언 경제학파

리버테리언libertarian[48] 경제학파는 오스트리아학파, 신고전학파와 마찬가지로 작은 정부와 낮은 세금을 지향한다. 이 중 몇몇 옹호자들은 무정부, 무세금과 무규제를 외치며 정부의 모든 기능은 민간에서 결성한 조직이나 기금이 더 잘 수행할 수 있다고 주장하는 극단론으로 치닫기도 한다.

오스트리아학파 또는 신고전학파의 주장을 통해 이러한 입장에 다다를 수 있는데, 이 때문에 두 명의 리버테리언은 근본적으로 다른 경제 패러다임을 가지고도 비슷한 정책을 목표로 할 수 있다.

리버테리언 운동을 하나의 뚜렷한 경제학파로 소개했지만, 정확히 말하자면 오스트리아학파와 신고전주의학파를 모두 대변하는, 더 작은 정부를 옹호하는 그룹이라고 생각하는 편이 나을 것이다.

경제 좌표

이 시점에서 다양한 경제학파를 분류하는 간단한 방법을 하나 소개할까 한다. 전통적으로 경제사상은 단순히 좌·우 스펙트럼에 끼워맞춰 왼편에는 마르크스주의Marxism, 오른편에는 신고전학파와 오스트리아학파와 리버테리언을 배치해 왔다. 이런 일차원적인 분류 체계로는 많은 경쟁 학파들 간의 중요한 차이점들을 제대로 표현할 수 없다.

---

48) 경제학의 역사에서 자유시장과 작은 정부를 지향하는 애덤 스미스로부터 연원한 사상을 고전적 자유주의(classical liberalism), 그에 바탕을 두고 20세기에 등장한 프리드리히 폰 하이에크나 밀턴 프리드먼 등의 사상은 신 자유주의(neo-liberalism)로 분류하며, '리버럴리즘'이라는 표현을 사용한다. 개인의 자유를 중시하는 리버테리언 학파는 경제적 리버럴리즘을 포함하면서도 무정부주의, 사회주의적 자유주의 등까지를 포함하는 다양한 정치적, 철학적 사조를 통합적으로 지칭하는 표현으로 구분하여 사용한다. 그런 의미에서 '리버럴리즘'과 의미와 혼동을 피하기 위해 본서에서는 '자유주의'라는 번역어 대신에 그냥 '리버테리언'이라고 표기하기로 한다. ― 감수자 주

이러한 이유로, 2차원의 X-Y면을 나타내는 2축 시스템을 사용하려고 한다. 가로 X축은 균형이라는 개념에 대한 각 학파들의 태도를 나타낸다. 해당 학파가 왼쪽에 위치할수록, 그들이 경제와 시장 체계를 자연스러운 안정 균형 상태로 믿지 않는다는 것을 의미한다. 세로 Y축은 정부에 대한 각 학파의 태도를 나타낸다. 아래쪽에 위치한 학파들이 작은 정부, 저율의 세금, 약한 규제를 옹호한다면, 반대로 위쪽의 학파들은 큰 정부, 고율의 세금과 강한 규제를 옹호한다는 것을 의미한다.

이러한 분류법을 통해 지금까지 소개된 세 학파 간의 차이점을 구별할 수 있다. 자료8을 보면, 신고전학파, 오스트리아학파, 리버테리언학파들이 X축 위에서는 흩어져 있지만, Y축 위에는 한쪽으로 몰려있는 것을 볼 수 있다.

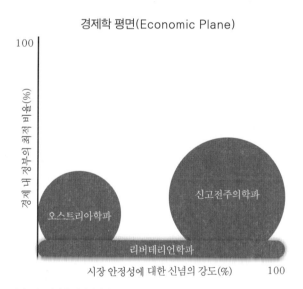

자료8. 오스트리아, 신고전학파, 리버테리언 경제학파를 나타내는 경제학 평면도

이 세 학파들은 공통적으로 개인의 이기심 추구가 경제활동의 원동력이라고 생각한다.

그들은 또한 큰 정부를 경멸하면서도, 개인의 행동이나 균형 개념에 대해서는 서로 동의하지 못한다.

최대화 대 경쟁

이 시점에서 이기심의 추구라는 것이 무엇을 의미하는지에 대해 이야기하고자 한다. 경제학자들은 이기심 추구가 마치 경쟁 과정인 것처럼 종종 이야기한다. 그러나 그들은 정작 이기심 추구를 경쟁의 과정으로 모형화하는 것이 아니라, 최대화 또는 최적화의 과정으로 모형화한다. 여기에는 미묘한 차이점이 존재한다.

만일 신고전학파적인 최대화의 세계에서, 순전히 화폐의 측면으로만 좁혀서 보자면, 기업가들은 한결같이 가능한 한 최대한의 현금을 축적하려고 덤벼들어야 맞을 것이다. 반면, 경쟁하는 최적화 세계에서라면, 기업가들은 모두 다른 이들보다 더 많은 현금을 축적하려 할 것이다. 스포츠 세계로 비유하자면, 최대한 빨리 뛰는 것을 목표로 하는 달리기 선수 그룹과 다른 사람보다 더 빨리 뛰는 것을 목표로 하는 선수 그룹의 차이라고 할 수 있다. 이 문제는 일단 접어두기로 하겠지만, 다음 장에서 이 차이가 지니는 의미가 명백히 드러날 것이다.

통화주의학파

통화주의 경제학파[49]는 오스트리아학파와 많은 유사점을 가지면서도, 이들 사이에는 몇 가지 중요한 차이점이 있다.

통화주의자들과 오스트리아학파는 공통적으로 내재적 순환성과 금융 불안정성을 인식하고 있으며, 그 원인이 은행과 통화 체계에 있다는 사실에도 동의한다. 이 두 학파의 차이점은 바로 이러한 불안정성에 대해 취해야 할 조치가 무엇이냐에 있다.

오스트리아학파가 주장하는 것은 은행과 통화 체계의 개혁이다. 이것이 신용 사이클의 진폭을 최소화할 수 있다고 보기 때문이다. 그러면서도 경제는 그 자체로 자연스럽게 호황과 불황의 순환을 거치도록 내버려 두어야 한다고 주장한다.

이와 반대로, 통화주의학파는 이러한 순환이 통화량에 의해 관리될 수 있고, 또 그렇게 되어야 한다고 주장한다. 이들은 국가의 통화량을 조절하는 정부의 역할을 주장한다.

철학적으로 보면, 통화주의학파의 패러다임은 오스트리아학파와 신고전학파의 중간쯤 위치한다. 경제가 불안정하다고 하는 오스트리아학파에는 동의하면서도 신고전학파가 말하는 것처럼 경제를 안정화시켜야 한다고 주장한다. 그러면서도 신고전학파나 오스트리아학파와는 달리, 경제에 대한 정부의 역할을 인정한다. 특히 중앙은행을 거치지 않고, 정부가 내정한 통화정책수단을 통해 민간 부문의 활동을 선제적으로 통제

---

49) '통화주의학파(Monetarist school)'라는 용어는 이자율 조정이나 양적완화 등 화폐와 신용의 통제를 옹호하는 모든 학파들을 두루 지칭하기 위해 사용한 것임을 일러둔다.

하고 관리하는 역할을, 비록 항상 그래야 하는 것은 아니지만 통상적으로 맡아야 한다는 것이다.

이러한 이유로 경제학 평면의 X축 상에서는 통화주의학파를 오스트리아학파와 신고전학파의 중간쯤 놓았고, Y축 상에는 통화주의 패러다임으로 통합된 정부의 역할을 반영하여 통화주의학파를 오스트리아학파와 신고전학파보다 좀 더 위쪽에 놓았다.

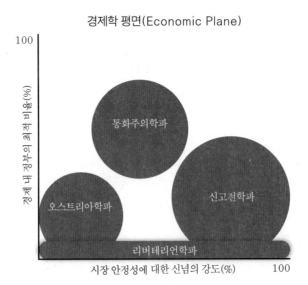

경제학 평면(Economic Plane)

자료9. 통화주의학파를 추가한 경제학 평면도

통화주의학파는 분열된 경제의 프랙털 성질이 가장 두드러지는 학파 중 하나다. 통화 제도를 통해 경제를 통제하는 것을 옹호하기는 쉽지만, 그 방법을 구체화하는 일은 쉽지가 않다. 유통되는 지폐와 주화의 양을 통제하자는 것인가, (실제로 한때는 인기를 얻었던 아이디어다.) 아니면 신용창조[50] 규모

---

50) 은행이 지폐나 주화의 불원적 화폐 보유량에 의거하여 추가로 발생하는 신용화폐, 즉 대출을 비롯한 다양한 신용화폐를 의미한다. — 감수자 주

를 통제하자는 것인가. (이것이 현재 이용되는 수단이다.)

그런 다음에는 이제 무엇을 통제해야 할 것인가에 대한 문제가 남아있다. 정부는 종종 통화수단으로 인플레이션과 실업, 경제활동, 환율, 이자율을 통제하려고 시도해 왔다. 그 결과 통화주의학파 내에서조차 온갖 종류의 세분화된 학자들의 집단이 생긴다. 통화주의 관점으로 보면 이것은 더할 나위 없이 만족할만한 상태다. 왜냐하면 하나의 방식이 실패하면 또 다른 접근을 시도할 수 있기 때문이다. 이러한 이유로 통화주의학파 내에서만 해도 실패한 접근법이 수도 없이 늘어나고 있다.

나는 이 책에서 신고전학파 경제학을 가리켜 그동안 지배적인 주류 경제학파라고 말했다. 이 말은 적어도 학계의 관점에서는 맞는 말이다. 그러나 경제정책이라도 관점에서 보면 통화 수단을 통해 경제를 통제하는 일은 너무나도 보편적인 지위를 획득해 버렸기 때문에 통화주의학파야말로 오늘날 가장 압도적인 주류 사상이 되어버렸다. 2008년 이후로 통화주의 정책은 더욱 대규모로, 점점 더 실험적인 모습을 띠면서 열광적으로 확대되고 있다.

크게 보면 현재 정책 문제에 대한 지배적 패러다임은 통화주의로, 학문적인 패러다임의 정설은 신고전주의학파로 남아있다. 마치 갈릴레오가 겉으로는 프톨레마이오스의 천문학을 계속 설파했지만, 사실은 코페르니쿠스의 천문학을 연구할 수밖에 없었던 불안한 상황과 마찬가지로, 오늘날 많은 주류 경제학자들, 특히 중앙은행에서 일하는 경제학자들은 실제로는 통화주의자처럼 행동하면서 표면적으로는 신고전주의를 설파하고 있다. 이론과 실제의 이러한 차이는 경제학이 위기에 처해 있음을 알려주는 명백한 신호다.

통화주의학파들의 중요성이 커진 것을 감안하면, 잠시 통화주의의 기원을 살펴본 후에, 통화주의 패러다임의 기틀이 완전히 흔들리게 된 철학적 문제 상황에 대해 생각해 보는 일이 필요할 듯하다.

현대 통화주의학파의 역사적 기원

통화주의는 대개 그 기원을 데이비드 흄David Hume이 《화폐에 관하여 Of Money》를 발표했던 1750년경으로 찾는다. 하지만 놀랍게도 통화주의는 지동설로 친숙한 코페르니쿠스가 화폐주조방안을 논의했던 1526년부터 태동하기 시작했다.

코페르니쿠스는 '악화가 양화를 구축驅逐한다'는 그레셤의 법칙 Gresham's law이 세상에 나오기 훨씬 이전부터 그와 유사한 주장을 펼치면서 물가는 통화량과 깊은 관련이 있다는 초기 통화주의의 입장을 밝혔다. 그러나 이와 같은 아주 오래된 역사를 살펴보기보다는 보다 가까운 시기에 일어난 통화주의의 부활을 살펴보는 것이 이 책의 취지에 더 부합할 듯하다. 통화주의는 1933년, 미국 경제학자인 어빙 피셔Irving Fisher가 〈대공황의 부채 디플레이션 이론The Debt-Deflation Theory of Great Depressions〉을 발표함에 따라 다시 주목받기 시작했다.

다음은 피셔의 논문에서 발췌한 내용이다.

"다음과 같이 가정해 보자. 부채규모가 감당하기 어려울 정도로 확대되면 채무자와 채권자 양측 모두, 그것을 해소해야만 한다는 경각

심을 가지게 된다. 그 과정에서 우리는 다음의 9가지 결과를 순차적으로 추론해 볼 수 있다.

1. 부채 해소에만 집중된 현금으로 인해 시장에는 전반적인 판매 부진 현상이 나타나며,

2. 은행 대출금 회수가 이루어짐에 따라 예금통화는 오히려 큰 폭으로 떨어지고 화폐유통 속도도 감소할 것이다. 판매 부진으로 촉발된 예금통화의 감소와 화폐유통 속도의 하락은

3. 물가 하락으로 이어지는데, 다른 말로 하자면 달러 팽창현상이 일어난다. 그리고 물가 하락이 리플레이션(통화재팽창) 정책에 의해 중재되지 않는다면,

4. 물가 하락은 기업체 순자산가치에 타격을 입힐 것이며 파산을 촉진하는 결과를 낳을 것이고,

5. 또한 사익 추구가 주목적인 사회에서 이윤의 감소는 기업가에게 운영손실이라는 불안감을 심어주어,

6. 산출량과 무역, 그리고 고용시장의 수축을 이끈다. 이런 운영손실, 파산, 그리고 실업은

7. 사회 구성원들 사이에 비관주의와 자신감 상실을 이끄는데, 이는 다시

8. 현금을 비축해 두려는 움직임을 낳고 화폐유통 속도는 한층 더 느려지게 된다.

이제 위에서 순차적으로 나열한 여덟 가지 변화들은 다음의 결과를 낳는다.

9. 이자율이 복잡하게 교란되고, 특히 명목(즉, 화폐로 표시되는)금리가 하락하고 실질(즉, 상품으로 측정되는)금리가 상승하는 현상이 나타난다.

"물가수준 하락을 방지할 수 있는 특별한 대안이 제시되지 않는 한, 1929년부터 1933년까지 이어지고 있는 대공황은 앞으로 오랫동안 더욱 깊이 악순환으로 빠져들어갈 것이다."(피셔, 1933)

피셔의 논문이 현대 거시경제학과 일치하는 부분이 상당히 많다는 사실은 꽤 주목할 만하다. 그의 이론은 '과다부채 상황'에서 시작해 경제공황까지 나아간다. 그가 보기에 공황은 부채 디플레이션이 진행하는 과정에서 자기강화적인 효과로 인해 상황이 더욱 악화된 결과다.

피셔의 분석은 신고전학파의 패러다임과는 명백히 맥을 달리한다. 신고전학파의 개인주의적 입장과는 달리 부채 디플레이션 진행과정에서 나타나는 집단적인 자기강화 효과의 중요성을 인식하고 있었기 때문이다. 부채 디플레이션의 악순환은 여러 개인의 의사결정들이 동시에 일어나기 때문에 발생하며, 그 결과로 나타나는 현상은 신고전학파가 주장하는 균형 상태와는 거리가 멀다.

피셔가 이쯤에서 분석을 멈추었다면 오스트리아학파와의 차이점을 찾을 수 없을지도 모른다. 하지만 피셔가 이어서 주장한 내용을 살펴보면 오스트리아학파와의 실질적인 차이점이 나타난다.

"만약 앞서 언급한 분석이 올바르다면, 물가 수준을 다시 올려놓음으로써 공황 상태를 미연에 방지하거나 이미 벌어지고 있는 상황을 멈추는 것도 경제학적으로 가능하다는 뜻이 된다. 채무자 입장에서는 기존의 부채 부담이 줄어들고, 채권자 입장에서는 상환받기 원하는 평균적인 수준으로 물가를 다시 끌어올려 그대로 유지함으로써 그게 가능해지는 논리이다. 그리고 물가수준이 통제 가능하다는 사실은 단순한 이론적 주장을 뛰어넘어 근래 들어 나타난 두 가지 주요 사건으로 그 논리가 입증되었다.

1. 스웨덴이 거의 2년이 넘는 기간 동안 선택된 기준치 대비 항상 2퍼센트 이내에서, 그리고 대개는 1퍼센트 이내에서 안정적인 물가수준을 유지해 오고 있다.

2. 이미 미국 전 대통령 루스벨트Roosevelt는 자신의 임기 중에 적절한 장치를 사용하여 쉽게 디플레이션으로부터 즉각적인 반등을 이룰 수 있다는 사실을 증명하였다.

만약 4년 넘게 반복된 디플레이션에 내재한 악순환의 연결고리를 리플레이션 정책으로 신속하고 간단하게 끊을 수 있다면, 필요할 때 언제든지 디플레이션 상태를 미리 방지하는 것도 가능하다는 뜻이 된다. 여기에서 나는 부채 디플레이션 이론으로 자연스럽게 따라 나오는 한 가지 사실을 강조하고 싶다. 즉 **결국 대공황은 리플레이션과 안정화정책에 의해 치료와 예방이 가능하다는 것이다.**" [강조는 저자가 추가함]

한편, 피셔와 오스트리아학파 양측 모두 신용도 하락에 따른 불안정화 효과를 인정하지만, 이들이 다른 점은 그에 대응하는 방식이다. 오스트리아학파는 경제주기가 원래의 경로를 순환하도록 그대로 두자는 입장인 반면, 피셔는 적절한 통화정책을 통해 악순환을 막자는 주의이다. 피셔는 이것이 쉽게 성취될 수 있는 목표라고 단언하며, 2년이 채 걸리지 않은 스웨덴의 인플레이션 자료를 근거로 제시한다.

흥미롭게도 피셔는 과다 부채가 처음부터 축적되지 않게 하는 것이 가장 현명한 방법이라는 사실은 전혀 고려하지 않은 듯 보인다. 사실 피셔의 논리에서는 문제가 될 만한 부채 수준은 존재하지 않는다. 왜냐하면 부채가 미치는 해로운 영향은 언제든지 쉽게 상쇄될 수 있기 때문이다. 부채에 대한 피셔의 생각을 통화정책에서 주요 문제로 다루기까지는 50년 정도가 걸렸다. 1980년대 초반 선진국의 중앙은행들은 별다른 문제의식 없이 피셔의 정책 처방을 문자 그대로 따랐다.

그런데 최근의 사건들은 한없이 낙천적이기 만한 피셔의 전망과는 약간 다른 방향으로 흘러가고 있다. 부채 디플레이션이라는 악순환을 겪고 있는 경제를 갑자기 선순환으로 돌리는 일은 극도로 어렵다는 사실이

판명된 것이다. 그럼에도 불구하고 아직까지 30년이 넘는 시간 동안 선진국들은 피셔 학파를 비롯한 부채규모 확대를 지지하는 이론들을 거시경제정책의 핵심으로 삼고 있다.

굿하트의 법칙과 통화주의가 가지는 결함

오늘날 통화주의 정책은 다른 명칭으로 표현되는 경우가 많다. 그 이유는 주로 1980년대 초기에 영국이 시행했던 통화주의 실험이 참담하게 실패했기 때문이다. 영국은 통화공급량을 잘 조절하면 경제를 안정적으로 성장시킬 수 있다는 통화주의에 대한 특별한 믿음을 가지고 통화량을 엄격히 통제했다. 이 점에 대해 더 자세히 알고 싶은 독자들은 경제 전문기자인 데이비드 스미스David Smith의 《통화주의의 흥망성쇠The Rise and Fall of Monetarism》(1987)를 읽어보기를 권한다. 이 책에서 스미스는 통화주의자들의 논리에서 보이는 비과학적인 본질을 잘 설명하고 있다. 이를테면 이렇다.

"통화주의자들은 상당히 교활하다. 통화주의자들은 현재 자신들이 믿고 있는 사실은 그전부터 그들이 믿어왔던 사실이며, 지난 몇 년 동안의 경험들이 변화시킨 것은 아무것도 없다고 말한다. 또한 그들은 통화주의 실험의 결말은 자신들이 그것을 시작하기도 전에 예견했던 바대로 이루어졌다고 주장한다."

1980년대에 이루어진 통화주의 실험에 대한 스미스의 설명은 그런 실험이 시행된 계기들과 그 실험들이 어떻게 해서 그토록 빨리 실패로 돌아갔는가를 둘 다 설명해 준다는 점에서 특별하다. 그는 통화주의 실험이 본격적으로 시작되기 전에 나타난 현상부터 설명한다.

이 통화주의 경제학자들은 통화공급을 통해 경제활동을 통제할 수 있다고 믿었기 때문에 자신들이야말로 통화공급을 모니터링하면서 경제활동을 측정하고 예측할 수 있다고 믿었다. 그들이 예측한 바가 그대로 실현되었다고 판단될 즈음이 되면, 그들은 화폐가 경제활동을 통제한다는 자신들의 이론이 비로소 증명된 것이라고 천연덕스럽게 생각했다.

정책 당국자들 또한 통화주의자들과 마찬가지로 자신들의 이론이 증명된 것으로 믿고 화폐유통을 더 엄격히 통제하려고 결심했다. 그러나 실제로 실험을 시행하고 난 뒤 현실의 경제는 예상대로 흘러가지 않았다. 무엇이 잘못된 것인지를 알고 싶다면 다음의 가상 시나리오를 생각해 보자.

어느 뛰어난 젊은 경제학자가 고속도로를 오가는 화물트럭의 통행량을 연구하기 시작한다. 얼마간의 시간이 흐르고, 일정 기간 동안 오갔던 트럭의 수와 그 뒤에 보고된 경제활동 수치 사이에 명확해 보이는 관계가 드러난다. 이에 따라 젊은 경제학자는 화물트럭 활동이 경제활동의 주요 원동력이라 결론짓고 그 즉시 화물운송학파를 결성한다.

화물운송학파는 정부가 경제활동을 활성화하기 위해 화물 운송량을 늘리도록 정치적인 로비를 시작한다. 이에 따라 상품 운반용 트럭의 통행량을 증가시키기 위한 도로확장 정책들이 시행된다. 화물 수송비에 대한 세금도 삭감되며, 급기야 트럭 구매비와 유지비에 보조금을 지급하는 방안이 논의되기에 이른다.

실험의 결과는 초반에는 긍정적일 수 있다. 화물 운송량도 증가하고, 동시에 경제도 성장하는 것처럼 보이기 때문이다. 운송비용까지 감소돼 회사들은 더 많은 이윤을 내게 된다. 이에 이득을 본 정부는 효과 좋아 보이는 이 처방을 확대 적용한다. 화물운송 자체에 직접적으로 보조비를 지급하기 시작한 것이다.

트럭 운전사들은 고속도로를 오가며 화물을 싣고 내리기에만 여념이 없어진다. 그렇게 하는 것만으로도 보조금을 받을 수 있기 때문이다. 이렇게 될 때 경제성장은 멈출 가능성이 높다. 그런데 운송량 통계만은 최고치를 계속 경신한다. 경제활동성과 화물운송 사이의 관계가 깨져버린 것이다.

화물운송학파의 실수는 바로 화물운송과 경제활동성 사이의 인과관계의 **방향**을 잘못 파악한 것이다. 경제활동이 활발해지는 것은 더 많은 화물운송을 가능하게 하지만, 반대 논리는 성립하지 않는다.

이것을 철학적으로 논의해 보자면, 프리드리히 니체Friedrich Nietzsche가 밝힌 원인과 결과를 혼동하는 것에 관한 네 가지 중대한 오류 중 하나로 볼 수 있다. 니체가 말하길 인과관계의 잘못된 해석은 인류가 현실을 잘못 해석하게 하는 원인이라고 했다. 그는 이렇게 말한다.

"결과를 원인과 혼동하는 것만큼 위험한 오류는 없다. 나는 이것을 이성의 본질적인 타락이라고 부르겠다." (니체, 1889)

통화주의학파들도 이론화 과정 중에 이성의 타락을 겪으면서 가상의 화물운송학파들과 똑같은 분석적 오류를 저지른 것이 틀림없을 것이다.

돈은 신용의 측정 수단이지만 신용은 마치 화물운송처럼 당시의 경제활동 상황에 따라 활발히 생겨나기도 하고 없어지기도 한다. 화폐만 따로 떼어놓고 보면, 그 자체만으로는 경제활동의 훌륭한 척도가 된다. 하지만 이것은 경제를 통제하는 도구로써는 사용될 수 없다. 만약 그런 식으로 사용된다면 그것은 더 이상 경제를 측정하는 척도일 수가 없다. 이 관찰은 굿하트의 법칙Goodhart's law[51]이라고 알려진 '모든 통계적 측정치는 조절 대상이 되는 순간 더 이상 원래의 측정치와 같은 특성은 사라진다'는 내용이다.

2008년부터 시작된 전 세계적인 금융위기 이래로, 세계 각지의 중앙은행들은 양적완화 정책의 일환으로 수조 달러의 돈을 시중에 풀어냈지만, 현재까지 이런 정책들은 기껏해야 혼란스러운 효과를 보였을 뿐이다. 그 많은 돈이 어쩌면 인과관계에 대한 기본적인 오해를 기반으로 쓰였을지 모른다고 생각하니 아찔하다. 어쩌면 '10억 달러의 낭비는 비극이지만, 1조 달러의 낭비는 통계일 뿐이다'라는 스탈린식의 언급을 인용하는 것이 적절한 비유가 될 것 같다.[52]

---

51) 1975년에 영국의 경제학자 찰스 굿하트(Charles Goodhart)가 제시한 개념이다. 어떤 현상의 통계적 규칙성은, 그것을 조정할 목적으로 압력이 가해지고 나면, 사라져 버리는 경향이 있다는 것을 말한다. 어떤 사회정책이나 경제정책을 시행하는 대상이 되는 통계지표는 실제로 그 정책을 시행하는 순간 애초에 그 정책을 시행하는 근거가 되었던 특성이 변화해 버리기 때문에 나중에는 그런 정책을 시행해도 효과가 없게 된다는 것을 의미한다. — 감수자 주

52) 스탈린은 "한 명의 죽음은 비극이다. 백만의 죽음은 통계다(The death of one man is a tragedy. The death of millions is a statistic)"라고 말했다. — 역자 주

이 장을 쓰면서 나는 영어 어휘 목록에 적절한 단어 하나가 빠져있음을 깨달았다. 우리는 지금 이 상황을 묘사해 줄 새로운 단어가 필요하다. 어떤 정책을 확대해야 할 상황에서, 만일 그렇게라도 하지 않으면 이전에 실행했던 그 정책의 오류가 생각하기조차 싫을 정도로 끔찍하다는 사실을 자인할 수밖에 없는 상황[53]을 묘사해 줄 단어 말이다. 현재 존재하는 단어들은 양적완화와 그 밖의 부채규모 확대를 장려하는 도구들을 묘사하는 데에 널리 적용돼 왔다. 나는 그나마 최근에 등장한 신조어 중 '총체적 난국omnishambles'이라는 용어를 차용하는 것은 어떨지 생각해 보았지만, 이 용어도 저절로 악화되는 자기강화적인 본질을 정확하게 표현하지는 못한다. 현실은 아마 자가-난국autoshambles 정도가 적당할 것이다.

케인스학파

존 메이너드 케인스는 어빙 피셔와 마찬가지로 대공황을 분석하고 그에 대한 처방책을 제시했다. 하지만 케인스가 분석한 대공황의 원인은 피셔와는 조금 달랐다. 피셔는 과도한 부채 때문에 의기소침해진 사회분위기와 디플레이션의 자기강화적 본질을 강조했다. 이에 반해, 케인스는 경제의 불황의 자기강화적 역학에는 동의하지만 그 원인을 소비의 문제로 보았다.

케인스는 이 현상을 '절약의 역설'이라고 명명했다. 그것은 소비자들이 소비는 줄이고 저축은 늘리려고 시도하는 것이 결국 자신들의 소득을

---

[53] 예컨대 마약을 계속 투여하지 않으면 고통이 너무 크기 때문에 계속해서 마약을 더 투여해야만 하는 상황 같은 것이다. ― 감수자 주

더욱 감소시키는 결과를 낳으며, 그에 따라 저축할 능력도 감소되어 버리는 것을 뜻한다. 이 과정은 불경기를 넘어 끝내 공황 상태가 될 때까지 지출을 점점 더 줄이는 악순환으로 이어진다. 케인스의 이러한 분석은 경제 내부에서 작용하는 집단적인 불안정화 요소를 기반으로 한다는 점에서 오스트리아학파를 비롯한 통화주의학파들과 같은 선상에 있으며, 개인주의와 균형을 강조하는 신고전학파 프레임을 거부하는 또 다른 학파라고 말할 수 있다.

피셔가 이끄는 통화주의학파와 마찬가지로 케인스학파 역시 경제 내 불안정 요소가 원래 주기대로 순환하도록 그대로 두어야 한다는 오스트리아학파의 생각을 거부한다. 하지만 케인스학파가 통화주의학파와 다른 점은 그가 제안한 안정화 정책 때문이다. 본질적으로 통화주의자들은 경제 하강기에는 화폐를 수단으로 민간부채 규모를 더 확대 조정하는 방식으로 대응해야 한다는 것인데, 이는 민간 부문이 더 많은 돈을 빌려서 소비하도록 장려하는 정책을 써야 한다는 것을 의미했다. 반면에 케인스학파는 '부족한' 민간 부문 활동을 정부 지출을 늘리는 것으로 대체해야 한다고 주장하는데, 정부가 나서서 더 많은 돈을 빌려서 소비해야 한다는 입장이다.

표면적으로 케인스학파와 통화주의학파의 패러다임 사이에는 차이점이 거의 없어 보인다. 양측 모두 활발한 거시경제학적인 운영 전략 아래 자금을 빌려오는 방식으로 현실 문제를 해결해 나갈 것을 주장하기 때문이다. 단 하나의 차이가 있다면 케인스학파의 목적은 정부 자체가 부채와 소비를 늘려 경기를 부양하도록 만드는 것이며, 후자는 그 대상이 민간 부문으로 바뀐 것뿐이다. 그러나 이 두 전략 사이에 철학적인 차이점은 케인스학파의 패러다임이 암시하는 정부 부문의 (거대한) 규모를 가늠해 보면 선명히 드러난다.

만약 정부가 민간 부문 활동에서 일어난 변동을 보상하기 위해 다양한 수준에서 지출을 늘리게 된다면, 논리적으로 정부 지출이 민간 부문과 비교했을 때 충분히 유의한 규모로 이루어져야만 한다는 결론이 뒤따른다. 그에 따라 필연적으로 조세부담도 상당한 수준으로 오를 수밖에 없다. 이러한 이유로 케인스학파는 정부의 크기를 최소화할 것을 주장하는 신고전학파, 리버테리언학파 그리고 오스트리아학파의 통화주의보다 한층 더 진지한 고찰을 필요로 한다.

민스키학파

미국의 경제학자인 하이먼 민스키Hyman Minsky는 케인스학파와 통화주의학파 모두에게 적용될 수 있는 중대한 현상을 관찰해 냈는데, 그것은 신고전학파와 오스트리아학파까지 연결될 수 있다.

케인스와 피셔는 각각 '절약의 역설'과 '부채 디플레이션의 악순환'을 주장하면서, 그 원인을 경제체제 외부에서 찾았다. 케인스는 소비자가 갑자기 저축을 하게 되는 이유를 설명하지 않았으며, 피셔 역시 국가부채가 왜 과도하게 쌓이게 되는지를 설명하지 않았던 것이다. 모든 것은 우연히 일어난 외부적인 사건이면서 그저 해결해야만 하는 문제로 남아있었다. 신고전학파의 경우, 이런 사실은 오히려 자신들의 패러다임을 유지하는 것에 도움이 되었는데, 균형이야말로 모든 사건의 일반적 상태라고 계속해서 주장하면서 일체의 불균형처럼 보이는 것들은 그저 외부의 충격으로 간주하고 특별한 경우에 불과하다고 주장할 수 있었기 때문이다.

민스키는 이런 맹점을 보완하고자 절약의 역설과 부채 디플레이션 순환을 조금 더 면밀히 분석했다. 그리고 그런 현상이 반대 방향으로 작용할 수 있다는 사실을 발견했다. 즉 '과소비의 역설paradox of gluttony'과 '부채 인플레이션debt-inflation' 순환이 존재할 수 있다고 밝힌 것이다. 민스키가 관찰한 바로는 안정적인 경제주기에는 사람들이 자신감을 얻어 더 많은 자금을 대출받기 시작하고 지출도 늘리게 된다. 그 결과 한층 더 강해진 경제 상황은 다시 한 번 사람들 사이에 자신감을 고취하면서 소비와 가계빚 모두를 늘리도록 이끈다. 우와, 놀랍지 않은가? 더 많이 소비할수록 더 많이 소비할 수 있게 되다니… 이것이 바로 과소비의 역설이다.

민스키의 분석은 신고전학파의 균형 이론에 중대한 반론을 제시했다. 신고전학파는 민스키의 분석으로 인해 케인스학파나 여타의 통화주의 학파가 받은 것보다 훨씬 더 큰 타격을 받았다. 만약 민스키의 분석이 정확해서 그의 주장대로 균형이 불균형을 낳는 것이라면, 경제가 안정적인 평형상태로 남아있는 것은 불가능하다는 뜻이 된다. 경제의 본질적인 내생적 과정이 경제 상황을 균형 상태에서 벗어나 주기적으로 호황과 불황 사이에서 변동하도록 만들 것이기 때문이다. 이런 점에서 사실, 민스키는 케인스학파를 출발점으로 하여 오스트리아학파의 세계관으로 안착한다고 볼 수 있다.

민스키와 오스트리아학파가 다른 점은 그가 경기역행적countercyclical[54]

---

54) 일반적으로 어떤 지표가 경기의 방향과 반대방향으로 움직이는 것을 지칭하는 용어다. 정책의 측면에서는 대개 호황기에 긴축정책을, 불황기에 확장정책을 사용하는 방식을 말한다.
— 감수자 주

정책이 경제순환을 안정시키기 위해 사용될 수 있다고 생각했다는 점이다. 이쯤에서 약간의 논리적 모순이 나타난다. 민스키의 논리대로라면 안정화 정책들이 장기적으로 시행될 경우, 끝내는 부채가 감당할 수 없는 수준으로 확대되어 자멸 상태로 빠져들게 되기 때문이다.

이제 케인스와 민스키학파를 경제학 평면도 위에 위치시킬 시간이다. 나는 케인스학파를 대략적으로 경제평면도 중심에 두면서, 이 학파가 정부 활동이 민간 부문에 비례한 정도로 필요하다고 생각한다는 점에서 Y축에서는 절반보다 조금 윗부분에, 그리고 자연적 균형 상태를 부분적으로 부정했다는 점에서 X축의 가운데에 위치시키겠다. 이와는 대조적으로 민스키학파는 안정성에 대한 완전한 부정이라는 면을 고려할 때, 오스트리아학파와 같은 X축의 가장 왼쪽에 두겠다.

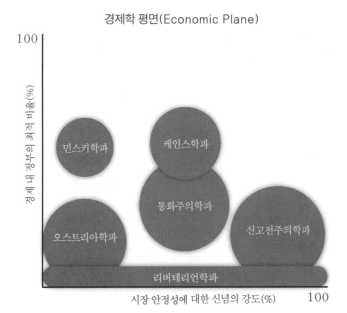

경제학 평면(Economic Plane)

자료10. 민스키학파와 케인스학파가 추가된 경제학 평면도

마르크스학파

경제학 사상에서 그 어떤 학파도 마르크스학파를 논하지 않고는 완결될 수 없을 것이다. 비록 오늘날 마르크스학파의 지위가 사람들의 뇌리에서는 거의 절멸 수준으로 붕괴했지만, 역사적 중요성에 비추어보면 여전히 애덤 스미스의 고전학파 다음 가는 지위를 차지하고 있다.

마르크스학파는 자본주의란 본질적으로 불안정한 체계라고 주장하는 학파들과 그 맥을 같이 한다. 이런 맥락에서 마르크스학파는 오스트리아학파, 민스키학파, 통화주의 및 케인스학파와 유사하다고 볼 수도 있다. 다만 여기서 마르크스학파가 여타 이론들과 구별되는 점은 자본주의가 가진 불안정성의 메커니즘을 규명하고 그에 대한 해결책을 제시하는 방식이다.

마르크스학파가 자본주의에서 나타나는 불안정성의 메커니즘을 규명하는 방식은 의외로 단순한데, 사실 현대사상과도 이성적으로 일치하는 부분이 많다. 마르크스학파에 따르면 이윤이란 상품을 생산비용보다 높은 가격으로 판매함으로써 생긴 결과다. 생산비용과 판매가격 사이의 간극을 마르크스는 '잉여가치'라고 부르는데, 경쟁적인 자본주의 체계에서 자본가들은 잉여가치를 높여 보다 많은 이윤을 창출하기 위해 맹렬히 경쟁한다. 예를 들어, 한 기업가가 시장이 수용할만한 범위에서 생산비용보다 살짝 높은 가격으로 물건을 팔고 있었다고 가정해 보자. 그렇다면 같은 생산기술을 사용하면서 기존 업체보다 낮은 가격으로 상품을 판매할 수 있다면, 신생업체도 시장에 들어와 이윤을 내는 것이 가능하다는 뜻이 된다. 이런 관행 속에서 이윤은 '상대적 잉여가치'를 유지하는 방식으로만 획득될 수 있다. 사업가와 자본가는 상대 경쟁사와 생산성 군비경쟁을 벌여야만 사업가는 꾸준히 이윤을 남길 수 있고 자본가는 부유한 상태를 유지할 수 있다.

사실 오늘날의 관점에서 볼 때, 자본가가 생산성 군비경쟁에 참여해야만 한다는 사실은 매우 바람직한 상태로 보인다. 하지만 마르크스는 달리 생각했다. 그는 이런 사악한 경쟁이 자본가들로 하여금 계속적인 혁신, 즉 기계의 도입을 확대하여 생산성 이득을 추구하도록 압박한다고 주장했다. 사건의 긍정적인 면은 절대로 보려 하지 않았던 마르크스에게 있어 기계화는 일자리의 상실을 뜻했다. 그것은 임금이라는 이름으로 노동자들에게 지불되어야 마땅한 생산비용(임금)의 상당 부분이 기계(자본)를 구입하는 비용으로 바뀐다는 것을 의미했다. 결과적으로 노동자들은 가난한 상태로 내몰리게 되며 심지어 몇몇 자본가들도 그 과정에서 고통받는다. 생산성 군비경쟁이 가열되면 업계에서 소규모 사업체들은 퇴출될 수밖에 없으며, 이로부터 이윤과 그 축적으로 이루어진 부가 소수의 엘리트들에게만 집중되는 독점 현상이 나타나게 된다. 이에 대한 마르크스의 관점을 그의 저서에서 찾아보면,

"변혁의 과정에서 자본가들의 수가 점점 감소하는 대신 모든 이익들을 가로채고 독점하는 소수 거대 자본가 집단이 형성됨에 따라 빈곤, 억압, 노예, 강등, 그리고 착취의 규모도 더 커질 수밖에 없다. 그러나 이러한 현상은 역시 필연적으로 그 수가 항상 증가할 수밖에 없는 계급인 노동계급의 폭동을 수반하게 된다." (마르크스, 1867)

자본주의의 핵심이 빈곤한 상태로 전락할 수밖에 없는 노동자 계급, 소수의 독점기업의 수중에 집중하는 부富, 그리고 혁명으로 이어질 수밖에 없다는 사실은 마르크스주의를 자신의 방식으로 요약한 레닌의 다음 문장에도 남아있다.

"노동자들의 노역으로 만들어진 자본이 오히려 노동자를 탄압한다. 소규모 재산가들은 황폐화하고 실업자 군단이 생성된다. 자본은 소규모 생산을 중지함으로써, 노동생산성을 향상시키고 대규모 자본가들의 연합을 통해 독점적 지위를 창출하기에 이른다. … 지금 자본주의는 이미 세계를 지배하고 있다. 하지만 이 승리는 단지 자본에 대한 노동의 승리를 예고하는 서막일 뿐이다." (레닌, 1913)

마르크스는 이런 식의 부의 양극화는 탄압받아온 노동계급으로 하여금 폭동을 일으키게 하고 그 결과 기존의 자본주의는 모두가 조화롭게 일하며 그 결과를 공평하게 나누어 가지는 평등주의 사회로 대체될 수밖에 없다고 생각했다. 마르크스는 이 새로운 체제가 "능력에 따라 노동하며, 필요에 따라 분배한다"고 믿었다.

마르크스와 레닌 모두 자본주의가 생산성의 증대를 이끈다는 점은 인정하지만, 그것을 일종의 악惡으로 해석했다는 점이 흥미롭다. 그럼에도 불구하고, 오늘날의 관점에서 마르크스의 분석이 어느 지점에서 그토록 잘못되었는가를 알기란 매우 쉽다. 그는 이른바 '노동총량 불변의 오류 lump of labour fallacy'에 빠져 있었다. 노동총량 불변이란 경제계에는 필요한 노동총량이 정해져 있기 때문에 노동시장에 새로운 개체가 진입하면 그것이 인간이든 기계이든 상관없이 실업률의 증가를 야기한다는 법칙이다.

하지만 여기서 노동총량 불변이론이 놓치고 있는 것은 여분의 노동자extra-workers는 또한 여분의 고객extra-customers을 의미하기도 한다는 사실이다. 경제는 고정된 체제가 아니라 고도로 적응하는 체제다. 마르크스는 생산성 군비경쟁이 요구하는 기계를 제조하기 위해서는 인간의 노동력이 필요하다는 사실을 보지 못했다. 더구나 이런 상황에서 필요한 새로운 노동자들은 더 나은 기술력과 더 높은 교육수준을 갖추어야 하기 때문에 그 이전 인력보다 더 높은 임금을 지불받게 된다. 마르크스가 놓친 또 하나의 명백한 사실은 생산성 군비경쟁 상태에 있는 자본가들은 생산성 증대로 인해 더 많은 상품들을 생산해 낼 것이며, 그에 따라 더 많은 고객들이 필요한데 궁극적으로 그 고객은 자본가가 임금을 지불하는 그 노동자일 수밖에 없다.

이제 우리는 확신을 가지고 마르크스가 완전히 틀렸다고 말할 수 있다. 경쟁과 혁신 그리고 증가하는 생산성이 빈곤과 실업을 이끈다는 그의 생각은 잘못된 것이다. 전반적인 경제적 관점에서 본다면 그 과정은 실업이 아닌 노동시장의 **재배치**redeployment를 가져온다. 더 나아가 그 재배치는 보다 고숙련의, 보다 고임금의 일자리를 만드는 방향으로 이루어진다. 그렇다고 이 과정에서 비숙련공들이 시장에서 쫓겨난다는 뜻은 아니다. 다만 마르크스가 연구해 보아야 한다고 주장했던 총체적인 경제 수준에서 바라보았을 때 기초 생활 수준은 낮아진 것이 아니라 오히려 높아졌다는 사실을 강조하고 싶을 뿐이다. 본질적으로 생산성과 산업화에 대한 마르크스학파의 분석은, 적어도 기존의 육체노동 일자리를 놓치지 않으려는 행동이었음을 인정받는 러다이트Luddite나 사보타주Saboteur[55]운동에도 미치지 못할 정도로 정교하지 못했다.

이처럼 생산성 향상에 대한 논의가 완전히 잘못된 방향으로 귀결됨에 따라, 마르크스주의는 처음부터 고려해볼 만한 가치가 없는 것으로 여겨질 수 있다. 하지만 부의 양극화로 끝날 수밖에 없는 본질이 자본주의에 내재되어 있다는 주장만큼은 쉽게 묵살해 버릴 수 있는 성격의 것이 아니다. 실제로 자본주의가 독점 상태와 부의 양극화로 나아간다는 마르크스학파의 주장이 맞을 수도 있다고 믿을만한 충분한 이유들이 있다.

과도한 경쟁으로 부족해진 이윤을 독점이나 과점 방식을 통해 메우려하는 자본주의의 성격은 칼 마르크스와 애덤 스미스 양측 모두 인지한 사실이다. 이 주제에 대해 스미스의 언급을 보자.

"동종 업계의 사람들은 파티나 오락을 즐길 때조차 거의 함께 하지 않는다. 그들이 대화를 나누는 순간은 오직 대중에 대한 음모나 가격 인상이라는 교묘한 술수를 부릴 때뿐이다." (스미스, 1776)

반反경쟁적으로 시장을 독점하는 관행이 가지는 문제는 스미스와 마

---

55) 19세기 영국에서 러다이트(Luddites) 운동이 일어났다. 이는 기계화 추세에 반대하여 자신들의 자리를 지키려는 방직공들이 만든 단체로, 기계베틀을 모두 부수려는 시도였다. 한편, 사보타주(Saboteur)는 네덜란드와 프랑스에서 일어났던 운동에서 그 기원을 찾는데, 러다이트 운동과 유사한 형식이었다. 여기에 참여한 운동가들이 기계를 파괴하는 방법으로 선택한 것은 프랑스어로 사보(sabots)라고 불리는 나막신을 작동 중인 베틀에 던지는 것이었다. 사보타주(Sabotage)라는 용어는 여기에서 기원한다고 여겨진다.

르크스에 의해 확인되었으며, 이미 대부분의 선진국에서 주요문제로 인식해 왔다. 즉, 미국은 독점금지법anti-trust legislation을, 영국은 경쟁위원회 Competition Commission를, 유럽 연합은 반독점 합병위원회Antitrust and Mergers Commission를 운영했다. 이러한 기관들이 존재한다는 사실은 자본주의가 실제로 독과점과 부의 양극화를 심화시키는 고유한 경향이 있음을 의미한다. 그렇지 않다면 이 기구들이 존재할 이유가 없기 때문이다.

부의 양극화라는 주제는 최근 들어 다시 경제학자들과 정책 입법자들 양측 모두에게 초미의 관심사로 부상하고 있다. 최근 연구는 지난 30년 동안 미국과 영국 그리고 유럽 등 선진국들이 사회계층 사이에서 소득과 부의 분배에 있어 뚜렷한 양극화 현상을 경험했다고 보고했다. 특히 미국 경제 연구서들은 1980년대 들어 미국 내 부유층의 수입은 절대적 수치로 보나 전반적인 소득분배율로 보나 급격하게 상승했다는 사실을 보여 준다. 최근 버클리 대학의 이매뉴얼 사에즈Emmanuel Saez 교수는 〈일확천금으로 부자 되기Striking it Richer〉라는 보고서에서 다음과 같이 분석했다.

"미국 내에서 2009년부터 2012년까지 한 가구당 평균 실수입은 6% 정도로 표면상 완만한 증가율을 보였다. … 그러나 자세히 들여다보면 수입이 상당히 불균등하게 분포되어 있는 것을 발견할 수 있다. 최상위 1%의 수입이 31.4%나 증가한 반면, 같은 기간 동안 나머지 하위 99%의 수입은 단지 0.4%만 증가하는 것에 그쳤다." (사에즈, 2013)

사에즈의 분석은 지난 100년 동안 미국 내 전체 소득분배에서 나타난 몇 가지 주목해볼 만한 사실들을 보여 준다. 흥미롭게도 1920년대와 1930년대에는 미국 상위 10%에 속하는 그룹이 전체 소득의 45%를 가져갔다. 이 수치는 2차 세계대전 이후 33% 가까이 떨어졌는데 1980년대가 시작될 때까지는 수치의 변동이 거의 없었다. 그러나 1980년대가 시작되자 상황이 달라졌다. 상위 10%의 가계수입은 나머지 사회 계층들을 꾸준히 앞서 증가하기 시작했으며, 현재는 전체 소득의 50%가 넘는 몫을 챙겨가고 있다.

부의 양극화가 계속 진행되는 가운데, 사회 각계에서는 이에 대한 다양한 차원의 논의가 이루어지고 있다. 일단 학계에서는 이런 현상이 벌어지는 원인을 규명하는 이론들이 등장했으며 정책연구자들 사이에서는 이 문제의 해결을 위해 어떤 정책을 취해야 하며 이 현상이 경제적으로 어떤 의미가 있는지에 대한 논의가 일었다.

부의 분배에 관한 이런 상황은 경제가 과학위기에 처해 있다는 주장에 힘을 실어주는 또 하나의 증거다. 주류 경제학은 이 사안에 대해 말을 아끼며 많은 경제학자들이 이것은 경제학 영역을 벗어나는 주제라고 믿는 것처럼 보인다. 그럼에도 불구하고 여전히 많은 다른 분야의 학자들은 이것이 경제학의 중심문제가 되어야 한다고 생각한다. 어떤 면에서는 소득 분배의 문제가 경제학에 대해 지니는 관계는 마치 직소 퍼즐로 대륙을 맞추는 문제가 지질학에 대하여 지니는 관계와 같다. 즉, 부의 분배라는 주제는 명백히 경제학의 중심에 있지만 그럼에도 불구하고 여전히 설명되지도 논의되지도 않는 상태로 남아있다.

이제 우리는 마르크스학파도 경제학 평면 위에 놓아야 한다. 마르크스가 자본주의는 필연적으로 붕괴할 수밖에 없다고 생각했기 때문에 그는 명백히 신고전학파와는 다른 입장이다. 신고전학파는 자본주의란 본래 안정적인 체계라는 개념을 정립하고 있기 때문이다. 따라서 마르크스학파는 평면도의 가장 왼쪽을 차지해야 한다. 같은 맥락에서 마르크스가 자본주의의 문제를 해결하는 단 한 가지 방법으로 해당 체제를 전복하고 사회주의 체제로 대체해야 한다고 생각했기 때문에 마르크스학파는 Y축의 가장 윗부분에 놓여야 한다. 이는 정부가 100% 경제를 완전히 통제하는 것을 나타낸다. 이렇게 되면 마르크스학파는 평면도에서 가장 왼편 윗부분에 자리 잡게 되어, 오른편 가장 아랫부분에 자리 잡은 신고전학파와는 완전한 대조를 이루며 정반대의 위치를 점하게 된다.

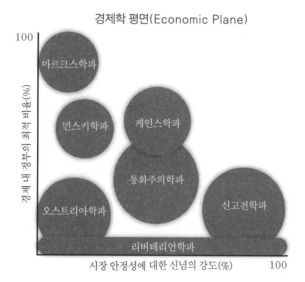

자료11. 마르크스학파가 추가된 경제학 평면도

이제 경제학 사상계에서 다루어봐야 할 중요한 두 가지 학파가 더 남아있다. 그것은 행동경제학파와 제도학파다. 하지만 불행히도 이 두 학파 중 그 어떠한 것도 경제학 평면도에 전혀 들어맞지 않는다.

행동경제학파

오스트리아학파, 통화주의학파, 케인스학파와 민스키학파 모두 신고전학파의 패러다임을 거부한다.

학파들마다 약간의 차이는 있을지라도, 일단 대부분 집단행동을 상정하고 있다는 점에서 개인주의적 행동이 우선된다는 신고전학파의 제1원칙과 어긋난다. 또한 개인 차원에서 합리적rational으로 보였더라도 집단 전체로 이어지면 비합리적irrational인 것으로 판명되는 의사결정의 형태가 있는데, 이것은 오직 최적의 후생 극대화 의사결정만을 요구하는 신고전학파의 제2원칙에 어긋난다. 결국에 이렇게 최대화에 실패하는 집단행동은 경제를 균형에서 한참 벗어나게 함으로써 신고전학파의 제3원칙을 침해한다.

행동경제학파는 신고전학파의 핵심 원칙에 약간 다른, 그러나 보다 직접적인 방식으로 도전한다. 이 학파는 실험적 근거를 통해 개인은 경제학자들이 판단하듯 항상 합리적인 후생극대화 의사결정을 하는 것이 아니라고 주장한다. 또한 항상 독립적으로 행동하는 것도 아니라고 주장한다. 여기에 신고전학파 지지자들의 공분을 샀던 행동학파의 아주 유명한 실험 하나가 있다. 두 학파 간의 논쟁에 관해서는 다음 장에서 더 자세히 살펴볼 기회가 있으므로 일단 여기서는 최후통첩 게임ultimatum game이라고 알려진 해당 실험에 대해 살펴보겠다.

실험에 참여한 두 참가자는 일정액의 돈을 나누어 가지게 되는데, 단 그것은 그 돈을 나누는 방식에 대해 서로 동의하는 경우에만 가능하다. 돈을 나누는 방식에 대해 두 참가자의 의견이 일치되지 않는다면 양측 모두 단 한 푼의 돈도 받을 수 없다. 참가자 중 한 사람이 돈을 나누는 방식을 정해 상대방에게 통첩할 단 한 번의 기회를 가지며 통첩을 받은 상대편은 협상의 여지없이 그 제안을 받아들이거나 혹은 거절하는 선택만을 할 수 있다. 그 제안이 받아들여진다면 양측에게 지불되고, 그렇지 않다면 누구에게도 지불되지 않은 채로 게임은 종결된다.

신고전학파의 패러다임은 모든 인간이 자신의 이익을 극대화하기 위해 독립적으로 행동한다고 가정한다. 그들의 패러다임에 따른다면, 최후통첩 게임에서 벌어지는 과정은 다음과 같다. 첫 번째 참가자는 아주 적은 액수만을 상대 참가자에게 제안할 것이며, 거부한다면 돈을 전혀 가지지 못하는 상황에 봉착한 상대편은 적은 액수라도 받아들일 수밖에 없다. 그렇게 첫 번째 참가자가 많은 액수를 챙겨가게 된다.

하지만 실제 벌어지는 사건은 이와는 상당히 다르다. 만약 첫 번째 참가자가 매우 적은 액수를 제시한다면 상대 참가자는 돈을 하나도 받지 못하더라도 제안을 거절하는 경우가 실제로 빈번하게 나타난다. 비이성적인 행동처럼 보이더라도, 첫 번째 참가자에게 타격을 주기 위해 스스로 피해를 보는 것을 감수하는 것이다. 만약 첫 번째 참가자가 상대편의 이런 행동을 예측했다면 처음부터 고르게 액수를 나누어 통첩을 진행한다. 이때엔 거의 비슷한 액수가 양 참가자에게 주어진다.

최후통첩 게임은 신고전학파의 패러다임을 위배하는 행동학파의 검증된 경험적 증거이다. 프랜시스 베이컨의 과학적 방법론에 따르면, 경험적 증거에 의해 반박된 신고전학파 패러다임은 즉시 기각되는 것이 옳다. 하지만 그런 일은 일어나지 않았다. 대신에 토머스 쿤이 예측했던 대로 신고전학파들은 행동했다. 즉, 그들은 흥미로운 특이사항 정도로 이 사안을 제쳐두고 예전 그대로 하던 일을 계속해 나갔다. 신고전학파 입장에서는 최후통첩게임에서 나타난 인간의 행동을 설명할 대안적 패러다임이 없는 상태에서는 그런 대응 이외에는 달리 선택할 방도가 없었다.

이처럼 지금까지의 경제학은 합리적 최적화를 행하는 인간과는 전혀 다른 모습의 날로 늘어나는 증거들을 단지 알 수 없다거나 설명할 수 없다거나 다루기 성가신 것들로 치부하고 있다. 이들의 행동 패턴은 독일의 기상학자 베게너가 대륙이동설을 제창하기 전에 다른 지질학자들이 보였던 행태와 똑같다. 당시 지질학자들은 명백한 지진과 화산 활동의 징후에도 불구하고 대부분을 그냥 무시하면서 지구가 단단한 암석이라고 굳게 믿었다는 사실을 상기하라.

그랬던 지질학자들이 지구의 핵이 정말로 녹아있는 상태일지도 모른다고 생각하게 만든 것은 그 가능성이 납득될 수 있도록 만들어준 하나의 스토리였다.

즉, 방사성 붕괴에 의해 발생된 열을 발견한 것이 바로 그 필요한 스토리였다. 그렇다면 이제 주류 경제학이 행동경제학파들의 개념을 경제학으로 통합시키도록 만들기 위해 필요한 것은 최후통첩 게임과 같은 결과를 납득하게 해줄 그 어떤 스토리다.

다음 장에서 최후통첩 게임 참가자의 행동을 보다 더 합리적인 행동으로 비춰줄 새로운 관점의 변화를 제시해 보고자 한다.

제도학파 ———————————————

이제 내가 논하고 싶은 경제철학계의 마지막 학파는 현재는 그다지 주목받지 못하고 있는 제도학파[56]다. 제도학파가 어디서부터 생겨났는지를 이해하고 싶다면 다음과 같은 사고실험을 한번 해 보자.

여러분은 지금 우주선에서 지구를 내려다보고 있는 우주비행사다. 당신은 지구의 어두운 부분을 바라보면서 지구가 천천히 돌고 있는 모습을 지켜보고 있다. 지구 표면은 이따금 점멸하는 불빛 덩어리들이 주요도시와 그 주변 도시권을 가늠하게 해줄 뿐 대체로 완전한 어둠 속에 잠겨있다. 유럽 대륙과 지중해 주변 도시들이 불빛으로 반짝이고, 일본과 환태평양의 몇몇 지역들도 멀리서 구별 가능하다. 북아메리카의 동서연안과 아프리카와 남아메리카의 몇몇 지역도 어렴풋이 보인다.

이제 당신이 이 장면을 마치 초고속 재생 영화처럼 볼 수 있다고 상상해 보자. 석기시대부터 시작해서 오늘날에 이르기까지 말기로 지난 약 1만 년 동안의 역사를 우주에서 바라 본 지구라는 60분짜리로 만들었

---

56) 제도학파는 크게 베블런(Thorstein B. Veblen), 코먼스(John Rogers Commons), 갤브레이스(John Kenneth Galbraith) 등을 중심으로 하는 구 제도학파와 윌리엄슨(Oliver Williamson), 코스(Ronald Coase) 등에서 연원한 신 제도학파로 나뉘는데 저자는 여기에서 후자에 주로 국한하여 논의를 전개하고 있다. — 감수자 주

다고 해 보자.

이따금 나타나는 화산 분출이나 섬광을 제외하고는 영화의 59분 30초는 완전한 어둠일 것이다. 엔딩 자막이 올라가기 약 30초 전에야 비로소 아주 희미한 불빛들이 깜빡이기 시작하는데, 바로 전기 가로등[57]이 처음 개발돼 설치된 때다. 나머지 30초 동안 이 작은 불빛 점들이 마치 산불처럼 지구 전역으로 번져나가, 영화가 몇 초 정도 남았을 때에는 모든 주요 도시권이 한밤중에도 환히 빛날 것이다. 왜 이렇게 갑자기 영화가 끝나기 30초 전에 이 불빛들이 크게 번지게 되었을까? 왜 이 불빛은 유럽과 북아메리카에서 시작되었을까?

물론 이런 생각은 전기 가로등이라는 기술 하나에만 초점을 두었기 때문에 약간 편파적이다. 그렇다면 이번엔 실질적인 경제성장을 보여주는 내용으로 60분짜리 영화가 만들어진다고 가정해 보자. 정확한 실험을 위해, 한 세대에서 다음 세대로 넘어갈 때 생활 수준이 상당히 향상됐다면 지역을 막론하고 불을 밝힐 수 있다고 하자. 이렇게 되면 영화의 15분 정도는 여기저기에서 터지는 빈번한 불빛을 볼 수 있을 것이다. 그렇다고 하더라도, 불빛이 점멸하는 순간은 전체 길이에 비해 매우 짧다. 심지어 오랫동안 문명을 유지했다고 평가받는 이집트와 로마 그리고 중국도 생활수준이 향상된 기간은 매우 잠깐에 불과했고 이어지는 몇 세기는 단지 불경기와 침체기로 점철되었을 뿐이다. 결국 영화상영이 거의 끝나갈 무렵이 되어서야 지구 전역에 비교적 안정적으로 유지될만한 진보의 불빛이 켜진다. 상영이 끝나기 30초 전에야 비로소 불빛은 지구의 많은 영

---

57) 첫 전기 가로등은 세계에서 가장 부유한 지역 중 하나인 영국 북동부에 설치되었다. 더 정확히 말하자면, 뉴캐슬어폰타인(Newcastle upon Tyne)의 모즐리 가에서 1879년에 첫 불을 밝혔다.

역으로 퍼지기 시작한다.

이런 사고실험은 경제적 진보가 지난 짧은 몇 세기만에 얼마나 비약적으로 진행되었는지를 그려보는 데 도움을 준다. 당신은 아마 경제학이 이 현상에 대해 정말로 할 말이 많을 것이라고 생각할지 모른다. 하지만 현실은 그렇지 않다. 경제성장을 전체적으로 설명하려는 시도는 사실 주류 경제학자들 사이에서 일종의 거대한 문제다. 신고전학파나 리버테리안, 그리고 오스트리아학파는 모두 경제성장이란 개인적 차원에서 자기 이익을 추구하는 과정 중에 발생한다는 철학을 기본으로 한다. 여기에 정부 규제나 조세는 더 나은 자연적 경제 상태로 나아가는 것에 대한 방해물로 간주된다. 얼핏 보면, 그럴듯해 보이는 가설이지만 잠깐만 생각해 보아도 상황은 달라진다. 사실 작은 정부, 즉 적은 규제와 낮은 조세는 인류 역사를 통틀어 꽤 오랫동안 유지되어온 조건이다. 그렇다면 왜 그런 상태의 세계경제는 지난 몇천 년 동안 지속적인 성장-호황growth-boom을 이루지 못했을까?

경제학 박사 스티글러Stigler는 경쟁과 사익을 그 보편성 측면에서 보면 뉴턴주의적이라고 했는데, 만일 경제적 진보의 원인을 단순한 경쟁과 사익의 추구로만 귀속시킨다면 주류 경제학은 문제에 봉착하게 된다. 사실 큰 정부를 경제 발전에 방해자로 간주하는 신고전학파나 자유주의자 혹은 오스트리아학파의 논리를 따른다면, 지난 백 년간 미국과 유럽은 완전히 성장제로지대growth-free zone가 되었어야 옳다.

경제학 이론과 역사를 살펴보면 언뜻 이해되지 않는 부분이 있다. 여러분은 유럽이 불운했던 14세기에 사익을 쫓지 않았다고 생각하는가? 부흥의 시기인 19세기에만 인간들이 사익을 추구했다고 믿는가? 또한 가난한 도시인 뭄바이와 나이로비, 그리고 리우데자네이루의 사람들은 런던과 뉴욕, 홍콩의 투자자들과 비교해 훨씬 낮은 열정으로 자신들의 이익을 쫓았다고 생각하는가? 빅토리아 시대가 문화적으로나 경제적으로 모두 크게 성장했던 것과 달리 중세 유럽은 왜 오랜 기간 정체 상태에 머물러야 했을까? 왜 빈민가의 상인들은 그토록 열정적으로 판매에 임하는 데에도 불구하고 어떠한 경제적 진보도 만들지 못하는 것인가?

주류 경제학의 문제는 우리가 사회를 조정하려고 선택한 방식이 역으로 우리 경제의 작동 방식에 거대한 영향을 미친다는 사실을 수많은 실험적인 증거들이 암시하고 있다는 사실이다. 다만 모든 인간은 자기이득을 최대화하려는 개인주의자로 간주하려 드는 신고전학파 패러다임에 이러한 관찰결과들을 통합시킬만한 응집력 있는 방식이 존재하지 않고 있을 뿐이다. 예를 들어, 신고전학파 패러다임으로는 다음과 같은 질문들은 아예 던지려고조차 하지 않는다.

여러분은 지금 공산주의 소비자를 모형화하고 있는가, 아니면 자본주의 소비자들을 모형화하고 있는가? 이와 같은 질문은 신고전학파 패러다임에서는 상당히 의미 없는 질문이다. 그것은 마치 물리학에서 '내가 모형화하고 있는 것은 공산주의 원자일까 아니면 자본주의 원자일까'를 묻는 것처럼 헛소리가 될 뿐이다.

공산주의 원자와 사회주의 원자 사이에는 아무런 행동상의 차이가 없다고 나는 분명히 말할 수 있지만, 소비자에 대해서도 그렇게 말할 수 있을지는 잘 모르겠다. 그 이유는 공산주의 소비자들이 소비할 수 있는 사치품 자체가 거의 없어서이기 때문은 결코 아니다.

이것은 토머스 쿤의 통약불가능성 문제에서 다루는 예시와 비슷하다. 제도학파들은 이렇게 신고전학파가 내세우는 패러다임으로는 설명할 수 없는 질문들을 공론화하고 싶어 한다. 경제성장은 경제학의 중심 문제임에도 불구하고 설명이나 논의의 대상조차 되지 않고 있는 또 하나의 거대한 토픽으로서, 직소 퍼즐 문제의 또 다른 예가 된다. 바로 이런 부분이 제도학파가 개입할 수 있는 틈을 제공한다.

제도학파에서 경제는 인간의 기본 행동에 관한 법칙만으로 간단히 이해될 만한 문제가 아니다. 대신에 제도학파의 학자들은 사회구조와 기관, 그리고 경제와 사회의 법칙과 규범을 더 광범위하게 이해하는 것이 경제를 이해하기 위한 필수 조건이라 믿는다. 제도학파의 관점에서는, 왜 갑자기 거기에서 성장의 불빛이 켜졌는가 하는 질문은 결국 경제라는 구조적 틀에서 그것을 가능하도록 하기 위해 그때 무엇이 바뀌었는가를 묻는 것과 같다.

실제로 주류 경제학은 경제가 왜 성장했는지를 규명하기 위한 제도학파의 다음과 같은 사고 진행에서 어려움을 겪는다.

Q. 세계 각지의 부유한 국가들이 가지는 공통점은 무엇인가?
A. 강한 민주주의, 정당한 법규 그리고 큰 정부다.

Q. 가난한 국가들이 가지는 공통점은 무엇인가?
A. 약하거나 아예 존재하지도 않는 민주주의이며, 불공평한 법규들

과 작은 정부다. 혹은 반대로 독재체제와 같은 비정상적으로 큰 정
부다.

Q. 경제가 성장하는 시기에는 어떤 일이 발생했는가?

A. 사회는 더욱 더 민주적으로 변하기 시작했으며, 법에 의한 지배가
정착했고 정부는 전보다 더 커졌다.

결론: 민주주의, 법 그리고 정부는 부유해지는 과정의 일부다.

여기에서 신고전학파, 자유주의자를 비롯한 오스트리아학파와 제도학
파 사이에서 이데올로기의 충돌이 생긴다. 미국 전 대통령 레이건Ronald
Wilson Reagan의 말을 빌리자면, 신고전학파는 항상 정부를 문제의 일부
로 보고, 반면에 제도학파는 정부를 해결책의 일환으로 본다고 했다.

사실, 근래 들어 주류 신고전학파에서 소수의 인물들이 국가의 경제
성장이라는 난제를 기발할 정도로 진실성이 부족한 논리로 풀어헤치려
고 시도했다. 그 논리는 이렇다. 만약 한 국가가 우연한 계기로 부유하게
되고 그와 더불어 우연히 민주주의가 도입되었다면, 사람들은 큰 정부에
투표하게 된다고 말한다. 그러므로 부유한 민주주의는 큰 정부를 가지게
되지만, 큰 정부는 그들을 부유하게 만드는 데에 어떠한 역할도 하지 않
았다는 주장이다.

이런 추론의 과정은 결국 '선 성장, 후 민주주의' 모형이다. 이 안에서
민주주의는 성장을 방해하며 일단 부유해진 다음에야 주어질 수 있는
사치품과 같은 것으로 묘사된다. 이 주장은 모튼 헬퍼린Morton Halperin의
저서《민주주의의 혜택The Democracy Advantage》(2004)에서 논의됐다. 이런

일련의 추리와는 반대로 사실 대다수의 부유한 경제국가들은 처음부터 부유하지도 않았고, 성장을 이룬 뒤에 민주주의를 이룩하지도 않았다. 오히려 처음엔 미미할지라도 먼저 민주화를 이룩한 후에 부유하게 되었다는 사실을 쉽게 찾아볼 수 있다. 번영으로 향하는 길은 민주주의로 향하는 길과 항상 나란히 붙어 있었다.

오늘날의 성공적 경제모델을 갖춘 국가들의 역사를 상식선에서 바라보기만 해도 민주주의는 경제성장을 이룰 수 있게 해준 하나의 요소였다는 사실을 쉽게 알 수 있다. 하지만 불행하게도 신고전학파나 여타의 주류 경제학파의 화법에 경제성장을 가능하게 한 요소로서 민주주의와 큰 정부를 통합시키는 작업이 너무 어려운 문제이다 보니, 민주주의는 아예 무시되거나 경제 성공의 이면에서 에어브러시로 그 존재가 온통 뿌옇게 가려지고야 만다. 거의 완전 실증적인 증거를 통해 볼 때, 민주주의와 큰 정부가 경제성장을 촉진한다는 사실을 고려조차 하지 않는다면 그야말로 비과학적인 일이다. 경제학이 이러한 문제를 부각시키지 못하고 있다는 사실은 경제학이 과학 위기에 처해 있음을 알려주는 또 다른 징후다.

무리 지어 등장했던 경제학자들의 문제점

앞의 경제학 평면에서나 현실의 경제학계에서나 이렇게 수많은 이질적인 학파가 존재한다는 사실은 바로 이 모든 학파들이 다 변변치 못하다는 것을 보여 주는 징후다. 대부분의 이론들이 시간이 지남에 따라 논리의 일관성이 없어진다는 것도 또 하나의 문제다. 지금까지 필자는 신고전학파를 널리 합의된 이론이라고 묘사했다. 오늘날 이 말은 사실이지만, 항상 맞는 것은 아니다.

우리는 경제학 평면, 아니 실제의 지평면地平面이 세계 각지에서 몰려든 경제학자들로 가득한 상태라고 상상해 볼 수 있다. 이 초원에서는 지난 세기 동안 상당한 정도로 개체군의 이주移住가 있었다. 마치 동아프리카의 세렝게티 초원을 누비는 여러 무리의 야생동물들처럼 말이다.

1930년대를 거쳐 1960년대에 이르기까지 여러 무리들은 케인스학파 주변에서 가장 큰 군집을 이루었으며, 그 주변을 상당한 정도의 마르크스학파와 오스트리아학파 그리고 신고전학파의 무리가 어슬렁거렸다. 1970년대에 이르면 마르크스학파에서 떨어져 나온 이주자들이 통화주의학파 주위로 몰려들기 시작하다가, 1980년대부터는 무리의 대다수가 점차적으로 신고전학파 쪽으로 이동한다.

2008년, 글로벌 투자은행 리먼 브라더스Lehman Brothers가 파산하자 신고전학파에서 쏟아져 나온 무리들이 다시 민스키 구역으로 몰려들기 시작했다. 그것은 경제가 원래 안정적이라는 바보같은 개념을 모두가 갑자기 거부하면서, 경제가 원래 불안정하다는 민스키의 생각을 받아들이기 시작했기 때문이다. 이 시기에 '민스키 모멘트Minsky moment'라는 용어가 잠시 유행하기도 하였다.[58] 하지만 2008년이 지난 후부터 민스키도 점차 잊혀졌고, 경제학자의 무리들은 재빠르게 다시 신고전학파 구역으로 몰

---

58) 자기강화적인 신용 인플레이션이 자기강화적인 신용 축소로 바뀌는 순간을 일컫는다. 다른 말로 하면 과소비의 역설이 절약의 역설로 바뀌는 순간이며, 부채 인플레이션 주기가 부채 디플레이션 주기로 바뀌는 순간이기도 하다.

려가 마치 자기들이 언제 떠난 적이라도 있었냐는 듯이 태연하게 옛 구역에 다시 둥지를 틀었다.

이렇게 각기 다른 학파들 사이에 이동이 계속된다는 것은 경제학이 비과학적으로 작동하고 있다는 증거가 된다. 또한 그 어떤 학파도 오랜 시간 동안 지배력을 유지할 만큼 충분히 설득력 있는 이론을 제시하지 못했다는 뜻이기도 하다.

하지만 이런 상황은 역설적으로 경제학자들 사이에서 서로에 대한 강력한 방어기제를 만들어낸다. 즉, 경제사상이 유행처럼 항상 뒤바뀌기 때문에 특정 시기의 어떤 학파를 비난하는 것은 마치 무모한 두더지잡기 게임을 하는 것에 불과하다는 사실을 본인들도 알게 되기 때문이다.

계산의 복잡성

경제학이 위기에 빠져있다는 나의 주장을 뒷받침하기 위해 내가 언급하고 싶은 마지막 증거는 경제학자들이 현재 사용하는 수학적 모형과 코페르니쿠스가 등장하기 이전의 프톨레마이오스 모형(천동설) 사이의 비교다. 국제통화기금IMF의 수석 경제학자인 올리비에 블랑샤르Olivier Blanchard가 최근 발표한 논문을 한번 살펴보자. 그는 경제 모형의 진보를 극찬한다.

"이 새로운 접근법에서 가장 눈에 띄는 결과는 동태확률일반균형모형 DSGE(Dynamic Stochastic General Equilibrium Model)이다. 미시모형에 기반을 둔 이 거시[59]모형은 소비자와 노동자의 효용극대화, 기업의 가치 극대화, 합리적 기대, 그리고 여러 종류의 시장불완전성을 종합한 것이다. 여기에서 시장불완전성이란 명목변수[60]의 경직성으로부터 시작해서 주로 베이지언Bayesian[61] 기법을 이용하여 추정하는, 전술한 여러 종류의 불완전성에 이르기까지 많은 것들을 포함한다. 추정의 결과는 해당 모형을 완전하게 특성화하는 구조방정식의 파라미터[62]들로 구성된다. 파라미터의 개수는 컴퓨터의 성능이 향상되면서 꾸준히 증가해 왔다. 예를 들어, 수학자 스맷과 우테르스는 2007년에 19개의 구조방정식 파라미터, 그 분산에 해당하는 17개의 파라미터, 그리고 외부로부터의 충격 변수에 반응하는 일계자기회귀모형first order autocorrelation의 계수들을 추정했다. 이렇게 동태확률일반균형모형DSGE은 도처에 퍼지게 되었다. 수많은 연구팀들이 동태확률일반균형모형 연구에 참여하고 있다. 거의 모든 중앙은행들이 이 모형을 사용하거나 구축하고 싶어 한다." (블랑샤르, 2008)

하지만 이 모형이 파라미터의 개수가 증가하고 있다는 사실뿐만 아니라 모형의 버전도 점점 늘어나고 있다는 사실에 자부심을 느끼고 있음을 주목하라. 만약 경제학이 정말로 보편적인 과학이라면 이렇게 서로

---

59) 원서에서는 '거시(macro)'라는 표현을 사용하지 않았지만, 미시경제 이론에 기반을 둔 거시경제 모형이기 때문에 번역문에 '거시'라는 단어를 대응하여 삽입하였다.
60) 명목 이자율이나 명목 임금, 명목 GDP 등 물가수준 변화가 반영되기 이전의 계측치로 표현된 변수를 말한다. ─ 감수자 주
61) 모수의 분포에 대한 주관적인 사전 확률분포로부터 출발하여, 데이터가 확보되어감에 따라 확률분포를 갱신하는 절차를 통해 모수를 추정하는 통계적 기법의 한 분야. ─ 감수자 주
62) 파라미터(parameter)란 방정식을 구성하는 계수로서 그 참값을 알 수 없는 상태에서 통계적 기법에 의해 추정치를 구해야 하는 수, 즉 모수를 의미한다. ─ 감수자 주

다른 장소마다 서로 다른 모형을 가져야만 하는 것일까? 만약 경제학 법칙이 뉴턴의 만유인력의 법칙과 같다면 하나의 보편적인 모형이 있어야만 할 것이다. 만약 아인슈타인의 상대성 이론이 뉴턴의 중력 법칙을 19가지의 구조방정식 파라미터와 17종류의 분산variance으로 대체하고 뉴턴의 법칙이 유독 스위스에서만 중력의 법칙을 잘못 묘사했다고 한다면, 아인슈타인의 이론이 진정으로 승리한 이론이 될 수 있었을까?

복잡하기만 한 동태확률일반균형모형은 지금의 경제가 처해있는 상황을 묘사하는 최첨단 기법일지도 모른다. 아마도 변수를 약간만 더하고 더 많은 궤도를 설정하는 것이 가능하며, 딥쏘트Deep Thought[63]처럼 거대한 슈퍼컴퓨터만 갖추어진다면 우리는 비로소 경제를 정확하게 모형화하는 것이 가능할지도 모르겠다. 하지만 사실은 그와 정반대로, 설명력의 개선 따위는 전혀 없이 모형의 복잡성이 이토록 증가하고 그 숫자도 이렇게 마구 늘어나는 상황을 바라보면, 프톨레마이오스의 천동설이 지배하던 암흑기에 벌어졌던 사태들의 판박이 같다는 느낌만 들 뿐이다.[64] 우리는 조금 더 단순한 이론, 보다 소수의 변수, 그리고 코페르니쿠스 스타일의 관점 변화가 필요할지 모른다.

---

63) 더글러스 애덤스의 과학소설 《은하수를 여행하는 히치하이커를 위한 안내서》에 등장하는 상상의 컴퓨터. — 역자 주
64) 프톨레마이오스는 지구가 우주의 중심이며 지구의 둘레를 태양을 비롯한 모든 행성들이 공전한다는, 지금으로 본다면 상당히 허무맹랑한 주장을 그럴듯한 몇 가지 관찰적 증거를 통해 제시함으로써 당대 학계에 혼란을 초래했다. — 역자 주

새로운 패러다임의 등장 ─────

이번 7장에서 경제 '과학'은 많은 면에서 자신이 마땅히 지녀야 할 특성을 지니지 못하고 있음을 독자 여러분이 확신할 수 있기를 희망한다. 만약 이러한 나의 의도가 널리 전달된다면, 이 책은 성공적이라고 말할 수 있을 것이다. 그 이유는 다름 아니라 이렇다. 어떤 분야든 내부적 갈등과 불일치성으로 분열되어 있다면, 그 분야에서 나오는 말들은 일단 회의적인 시각으로 받아들여야 하기 때문이다.

앞서 잠깐 언급한 것처럼 과학이 현실에서 어떻게 작동하는지에 관한 토머스 쿤의 분석은 우리에게 전혀 예기치 못했던 사실 하나를 알려준다. 즉 어떤 이론이 틀렸다는 사실을 알았다고 해서 사람들은 그 이론을 폐기하지는 않는다는 사실이다. 쿤의 작업은 심지어 더 나은 이론이 나타나기 전까지는 완전히 틀린 것처럼 보이는 이론조차도 계속해서 사용한다는 사실을 보여주었다. 이런 이유로 오래된 패러다임을 교체할 더 나은 패러다임을 제안할 수 없는 상태라면, 내가 지금까지 해왔던 방식처럼, 다양한 경제학파를 비판하는 행위는 사실상 실제적인 가치가 별로 없다.

따라서 다음 장에서는 우리의 경제체계를 진단할 더 나은 방법을 찾는 것에 집중하겠다. 그것은 이번 장에서 논의되었던 문제점들을 해소하는 새로운 관점이 될 것이다. 쿤은 앞서 좋은 패러다임 전환이란 어떠해야 하는지에 대해 유용한 힌트를 몇 가지 제시해 주었다. 그는 좋은 패러다임이란 새로운 데이터를 찾아내는 것이 아니라, 오히려 우리가 이미 알고 있는 사실들을 새로운 관점에서 해석하는 것과 관련되어 있다고 했다. 좋은 패러다임은 이전 학파의 사상 중에서 겉보기에는 양립불가능해 보일지라도 가장 우수한 아이디어들을 보전하면서 그들 사이의 일관성을 더욱 회복시키는 새로운 방식으로 그것들을 재배치하는 작업이 될 것이다. 무엇보다도 쿤은 그것이 바로 개념적 효율성conceptual efficiency을 이룩하는 일이어야 한다고 말했다. 그것은 세계가 어떻게 작동하는지에 대한 하나의 단순한 스토리로서 우리들은 그것을 통해 사물을 보다 효율적이고 명확하게 바라볼 수 있게 된다.

고백컨대, 나는 새로운 패러다임의 전환을 모색하는 과정에서 몇몇 거장들을 매우 심하게 표절할 예정이다. 우선 찰스 다윈의 개념을 빌어 어떻게 자연 상태의 인간 경제가 실제적으로 작동하는지를 설명할 것이다. 그리고 경제성장이 왜 결코 정상 상태normal state of affairs가 아닌지를 이야기할 것이다. 그러고 나서 다음으로는 영국의 의학자이면서 생리학자인 윌리엄 하비의 아이디어와 그의 개념적 묘책을 차용하여 자연 상태의 다윈 체계에 적용함으로써 경제성장이 어떻게 새로운 정상 상태가 될 수 있는지 설명할 것이다.

다윈과 하비의 개념을 융합한 결과는 아주 단순한 형태의 패러다임 전환이 될 것이다. 하지만 처음에 그것은 알프레트 베게너가 대륙이동설을 발표했던 때처럼 의심의 눈초리를 받을 가능성이 많겠다.

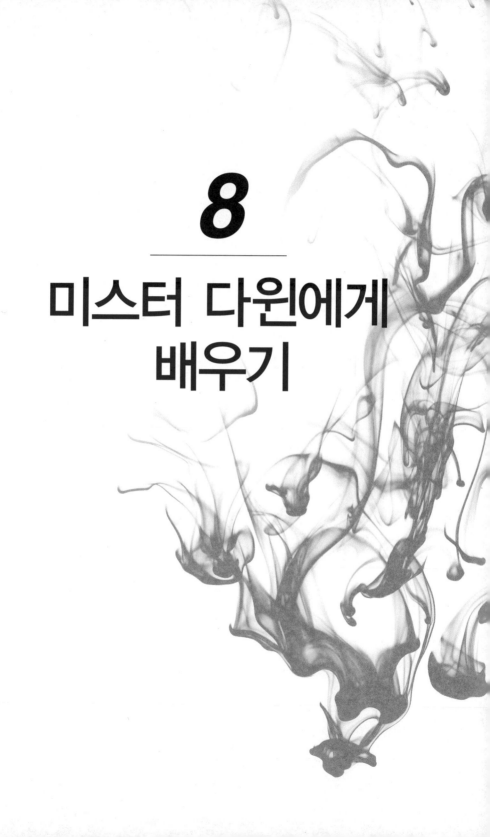

8

미스터 다윈에게 배우기

"이렇게 합의해도 좋을 것이다… 경제학은 시대에 크게 뒤떨어져 있으며,
현대 과학이라 불릴만한 자격을 갖춘 방법으로
그 주제들을 다룰 능력이 없다."

소스타인 베블런Thorstein Veblen, 1898

19세기 중반, 찰스 다윈은 연구하고 있던 진화론 문제를 풀기 위해 두 명의 경제학자로부터 몇 가지 생각을 빌려왔다. 그는 애덤 스미스로부터 전문화를 통한 생산성 향상이란 생각을 가져왔고 토머스 맬서스의 통찰력으로부터 하나의 종 안에서 벌어지는 개체들 사이의 경쟁이라는 아이디어를 얻었다. 맬서스는 산술적으로 표현되는 인간의 생식reproductive arithmetic 현상에 숨은 암울한 의미를 설명함으로써 경쟁을 통한 자연적 선택이라는 사상의 씨앗을 (다윈에게) 제공했다. 이번 장에서는 몇 가지 사실들을 면밀히 검토하면서 다윈의 위대한 사상을 통해 경제학을 새로운 관점에서 바라볼 것이다.

궁극적인 경쟁자

올림픽 육상 100미터 금메달리스트인 우사인 볼트Usain Bolt가 경기하는 모습을 지켜본 적이 있다면, 그의 경이로운 경기 스타일을 찬미하지 않을 수 없을 것이다. 그는 경기 시작 순간 나머지 다른 주자들보다 살짝 늦게 출발하지만, 결승점이 반 정도 남은 지점에서 갑자기 속도를 높이며 다른 주자들을 제친다. 그러다가 마지막 10미터 정도가 남으면 다른 선수들과 얼마만큼의 격차가 벌어져 있는지를 살피기 위해 뒤를 돌아보고는 하는데, 그 순간 자신의 우위가 확실해지면 그는 다시 속도를 늦추면서 심지어 여유롭게 결승점을 향하는 것처럼 보일 정도로 숨을 고르기까지 한다. 볼트의 이런 압도적인 경기력은 보기에 아름다울 정도다.

그렇다면 그는 왜 이런 식으로 경기를 하는 것일까? 왜 경기 중에 자신의 위치를 확인해 보고, 자신의 승리를 확신하는 순간 긴장을 푸는 듯이 보일까? 그리고 우리는 왜 그런 그의 경기를 감탄하며 지켜보는가?

우사인 볼트가 경쟁하는 인간 기계의 훌륭한 사례와는 약간 다른 모습을 띠고 있음을 그 누구도 부정하지 못할 것이다. 그의 행동은 표면적으로는 신고전학파들이 사랑해 마지않는 경쟁 모형에 거의 완벽에 가까울 정도로 들어맞아야 옳을 것이다.

그러나 자세히 들여다보면 볼트의 행동은 신고전학파 모형과는 다르다. 신고전학파의 주장대로라면, 볼트는 결승점에 다다르는 순간까지 자신이 할 수 있는 최고 속도로 빠르게 달려야 한다. 신고전학파가 주장하는 경쟁자 모형이라면 볼트는 그가 안정적으로 선두에 있다고 하더라도 절대로 속도를 늦추지 않았을 것이다. 완벽한 신고전학파 경쟁자는 항상 자신의 성과에서 극대화를 꾀한다. 즉, 볼트의 경우에 그는 각 경주마다 자신의 기록을 최대한 단축해야만 한다.

논의를 공정하게 이끌기 위해 신고전학파의 극대화 패러다임에 좀 고문을 가해서 볼트의 행동을 설명하는 모형으로 만들어 보자.

예를 들어, 볼트는 선수 생활 동안 자신이 승리하는 경주의 수를 극대화하고 싶었다고 가정해 볼 수 있다. 이런 취지에서 그는 몸을 관리할 필요가 있었다. 승리를 확신한 순간 몸을 혹사시키는 위험을 감수하지 않았던 것이다.

이와 반대로 우리들은 극대화 행동과 경쟁적 행동 사이엔 미묘한 차이가 존재한다고 생각해 볼 수도 있다. 경제학자들이 극대화나 최적화 행동이라 부르는 것은 가능한 한 최고의 결과를 절대 수치로 달성한다는 뜻이다. 나는 볼트가 세계 신기록을 수립할 생각으로 참여하는 경기에서는 분명히 그렇게 할 것이라고 생각한다. 반면에 경쟁적 행동은 근본적으로 상대적인 게임이다. 경쟁자로서 볼트는 자신의 절대 속도에 상관없이 다른 주자들보다 빠르게 달리기만 하면 된다.

때로 신고전학파들은 자신들의 모형이 경쟁 과정을 의미하며 찰스 다윈이 주창한 자연의 경쟁압력이라는 원리에 따라 수립되었다고 주장한다. 그러나 실제 수학적 계산을 해야 할 때에 이르면 신고전학파들은 경쟁을 모형화하지 않는다. 단지 극대화 행동을 모형화할 뿐이다. 이렇게 경쟁보다 극대화의 가정을 사용해 경제를 모형화하는 데에는 나름의 이유가 있다. 극대화 행동을 모형화하는 것은 비교적 손쉽지만 경쟁적 행동을 모형화하는 것은 극도로 어려운 작업이기 때문이다.

다시 우사인 볼트를 예로 들어, 다음 그의 100미터 경기를 예측하는 모형을 구축한다고 해 보자.

신고전학파의 방식으로 모형화한다면 볼트의 최근 마지막 경기 중에 10번의 결과를 가져와서 표에 결과를 표시하고, 그로부터 평균치를 구하면 된다. 여기에서 조금 더 정교한 결과를 원한다면 표에 표시된 점들을 연결한 뒤 외삽법extrapolate으로 볼트의 다음 경기 성적을 예측하면 될 것이다. 그 어떤 방식을 사용하든 결과를 도출하기 위해 필요한 것은 우사인 볼트, 단 한 사람뿐이다. 반면에, 경쟁자 모델을 기반으로 볼트의 경기 예상성적을 모형화한다면, 그가 상대하게 될 모든 선수에 관한 정보가 필요하게 된다. 만약 그가 세계에서 두 번째, 세 번째 그리고 네 번째로 빠른 단거리 선수와 함께 경기를 하게 된다면, 볼트의 예상 기록은 이

나머지 세 명의 예상기록보다 약간 더 빠른 수치가 나와야만 할 것이다. 만약 그가 우연히도 경기 전날 밤, 술집에서 만났던 세 명의 남성과 달리게 되었다고 가정한다면 경쟁자의 모형은 볼트의 예상기록을 비교적 느린 시간으로 예측할 것이다. 그렇지만 그 세 명의 남성들 중 한 명이 자메이카 동료선수인 요한 블레이크Yohan Blake라면 다시 한 번 조정이 들어가야만 한다.

희망스럽게도 핵심은 명확하다. 하나의 체계에 속한 각각의 구성요소들이 극대화하는 행동을 한다고 가정하는 경우에 그 체계를 모형화하는 일은 비교적 단순하다. 그러나 각각의 모든 구성요소가 경쟁적인 행동에 참여하는 체계를 모형화하는 작업은 대단히 어렵다. 더구나 경제 전체의 수준으로 가면 사실상 불가능한 일이 된다. 경쟁 체계 안에서 각 개인의 행동은 그를 제외한 다른 모든 사람들의 행동에 의존하기 때문이다. 그렇기에 이를 모형화하기 위해서는 보다 더 많은 자료가 필요할 뿐만 아니라, 복잡한 그룹 행동과 피드백 효과 그리고 군집 등 모든 것을 실제적 가능성으로 염두에 두고 계산에 포함해야 한다.

신고전학파의 핵심은 스스로 세운 근본적인 원리들에 기반을 둔 경제를 설명해 줄 수학적 모형을 설정하는 것이다. 다음의 원리들을 다시 한 번 되짚어 보는 것이 좋겠다.

1. 개인주의: 개인은 이기심을 기반으로 각자 독립적으로 결정을 내린다.

2. 극대화: 개인이 내린 결정은 항상 자기 자신의 이익을 극대화하는

방향으로 내려진다.

3. 균형: 개인의 이런 모든 최적화 의사결정의 결과로 최적의 균형을 가진 안정적 체계가 도출된다.

그렇다면 우리는 극대화를 경쟁으로 대체하는 순간 벌어질 일을 생각해 볼 수 있다. 논의한 것처럼 경쟁은 개인주의적인 과정이 아니라 근본적으로 상대적인 과정이다. 따라서 의사결정에 영향을 미치는 개인주의라는 제1원칙은 폐기되어야 한다. 하지만 만약 우리가 경쟁 개념을 도입하고 개인주의를 버린다면 균형 상태를 유지할 수 있다고 확신할 수 있겠는가?

따라서 우리는 신고전학파의 이론으로는 풀 수 없는 아주 근본적인 문제를 가지게 된다. 문제는 그것이 단순히 신고전학파 모형의 세부사항 정도에 있는 것이 아니라 그 핵심 공리에 놓여 있다는 점이다. 만약 우리 인간이 최적화를 꾀하는 행위자가 아니라 진정한 의미의 경쟁자로서 행동한다면, 주류 경제학의 세 가지 원리는 완전히 틀리게 되어 버린다. 코페르니쿠스가 프톨레마이오스의 천동설에서 단 두 가지의 핵심 원리를 바꿨을 뿐이지만, 결국 천문학계 전체가 변화할 수밖에 없었다는 사실을 상기해 보자. 만약 우리가 다윈의 경쟁 패러다임을 채택한다면 우리는 경제학의 모든 세 가지 원리를 동시에 부정해야만 하는 상황이 된다.[65]

---

[65] 이것이 왜 내가 7장에서 세 번째 '균형 원칙'이 그 자체로 독립적인 원칙인지 아니면 다른 두 원칙들의 결과인지에 대해 깊게 논의하지 않은 이유다. 우리가 만약 다윈주의의 경쟁자라면 이 모든 것이 중요하지 않기 때문이다. 즉, 앞의 두 가지 원칙이 무너지면 세 가지 원칙은 모두 버려야만 한다.

우리는 경쟁자인가
최적화론자인가

　최적화 모형보다 경쟁적 모형을 사용해 인간의 의사결정을 정의하는 것이 보다 나은 방법이라는 것을 증명하기란 쉽지 않다. 일단 신고전학파는 우리 인간에게 어떠한 다원식의 경쟁적 행동요소도 없다는 사실을 입증할 책임이 있다. 왜냐하면 그렇게 하는 것이 신고전학파들이 자신들의 주요 기본 공리를 계속 지키는 방법이기 때문이다. 그렇다면 우리가 해야 할 일은 인간을 다원식의 경쟁자로 보게 하는 몇 가지 증거들을 찾는 것이다. 그리고 몇 가지의 사고실험을 시행하면서 우리 자신을 다윈주의의 경쟁자로서 보는 것과 신고전학파의 최적화 추구자로 보는 것 중 어느 편이 더 합당한지에 대한 답을 구해야 한다.

다윈

　인간이란 오랜 기간의 진화 결과란 사실을 받아들인다면 우리가 조상으로부터 형질을 물려받았다는 사실도 인정해야만 한다. 나아가 우리의 조상들은 생존을 위해 한정된 자원을 놓고 동료들과 경쟁해야만 했다는 사실 또한 받아들여야 한다. 그렇게 되면 우리 인간은 그 과정에서 우연히 최고의 경쟁자로 살아남은 자들의 산물이라는 사실도 받아들여야 한다. 이처럼 다윈의 진화론은 그 자체로 인간은 선천적으로 경쟁의 심성을 진화시켜 왔다는 사실을 믿게 만드는 강력한 논리 체계다. 어떤 면에서 우리 인간은 경쟁적인 행동보다는 더 큰 이득을 위해 협동해 움직일 만큼 충분히 현명하기도 하다. 하지만 이런 협동조차 개인적 차원이 아니라 집단과 집단 사이의 경쟁에 도움이 되기 때문에 이루어지는 경우가 많다.

아프리카 평원에서 무질서하게 살던 모습에서 하나의 종족으로, 다시 사회적 동물로서 지금의 모습을 갖춰가던 시절, 우리가 단지 빨리 달릴 수 있다는 사실이 중요했을까? 아니면 다른 개체들보다 빠르게 달릴 수 있다는 사실이 중요했을까? 추측컨대, 사자 한 마리가 점심거리를 찾아 어슬렁거릴 때 중요한 것은 당신이 빨리 달릴 수 있다는 사실이 아닐 것이다. 왜냐하면 그 당시 옆에 있는 사람보다 빠르게 달려서 사자의 먹잇감이 되는 것을 피하는 게 급선무이기 때문이다. 다시 말해, 생존을 확보하는 것이 바로 **성공적으로 경쟁하는**compete successfully 능력이다.

최후통첩 게임

제7장에서 최후통첩 게임의 처음 예상과 상반되는 결과에 대해 언급했다. 다시 한 번 게임의 규칙을 간략히 설명하자면, 최후통첩 게임 안에서는 두 참가자가 서로 분배 액수에 동의했을 경우에만 돈을 나누어 받을 수 있다. 만약 그들이 서로 합의를 이루지 못한다면, 두 사람 모두 돈을 전혀 챙길 수 없다. 첫 번째 참가자는 상대방에게 어떤 방식으로 돈을 분배할 것인지에 관한 단 한 번의 제안을 할 수 있으며, 상대편도 제안의 수락이나 거절이라는 하나의 선택만을 할 수 있다. 여기서 거절의 결과는 두 사람 모두 돈을 전혀 받을 수 없다는 뜻이다.

극대화 패러다임에서 상황을 바라보는 신고전학파들은 두 번째 참가자가 적은 액수의 제안을 거절하는 경향이 있다는 사실과 첫 번째 참가자가 처음부터 지나치게 관대한 양을 제안하는 행동을 한다는 점을 설명하지 못한다. 하지만 경쟁의 관점에서 보면 이 행동은 훨씬 덜 이상해 보인다.

두 번째 참가자는 돈의 분배가 균등하지 않은 제안은 거절할 것이다. 왜냐하면 그런 제안의 수락이 상대 참가자에게 상당한 경쟁 우위competitive advantage를 가져다주기 때문이다. 첫 번째 참가자는 본능적으로 상대방의 이런 심리를 간파하여 처음부터 균등한 액수를 제안하게 된다. 첫 번째 참가자는 상대방이 용인할 만한 정도에서 자신의 상대 우위relative advantage를 확보할 수 있을 정도의 제안을 하는 것이다. 사실상, 첫 번째 참가자는, 상대방이 자신에게 닥칠 상대 열위relative disadvantage를 받아들일 수 있는 수준을 약간 넘는 정도에서 제안액의 적절한 수준을 정하려고 할 것이다.

쾌락의 쳇바퀴

인간 행동에 관한 실험에서 또 다른 흥미로운 관찰은 심리학과 실험경제학에서 파생된 용어인 '쾌락의 쳇바퀴hedonic treadmill'라고 알려진 행동이다. 쾌락의 쳇바퀴란 행복의 정도가 처음에 설정된 평균으로 돌아가려는 경향이 있는 평균회귀현상이라는 점을 묘사하기 위해 사용된 용어다.

다른 말로 하면, 사람들이 큰 충격을 경험하여 긍정적이든 부정적이든 행복의 수준이 어느 정도 변했다고 하더라도 그 효과는 대개 아주 일시적이라는 뜻이다. 예를 들어, 복권에 당첨되어 일시적으로 기분이 고조되었더라도 얼마간의 시간이 흐르고 나면 행복의 수준은 복권에 당첨되기 이전의 수준으로 돌아온다. 유사하게 트라우마로 고통받는 사람들도 종종 일시적으로 우울함을 느끼지만 시간이 흐름에 따라 예전의 기분 상태를 회복한다.

이러한 현상을 이해하기에 쉬운 방법의 하나로는 우리가 본질적으로 경쟁하는 인간이라는 사실을 깨닫는 것이다. 우리는 자기 자신을 평가하며 우리의 행복을 동료들과 비교하면서 찾는다. 복권 당첨자들은 주변 사람들보다 더 잘 살게 되었다는 생각으로 처음에는 행복을 느끼지만, 당첨금으로 더 부유한 지역으로 이사하게 되면 이야기가 달라진다. 다른 이들과 비교되는 경쟁지위는 다시 떨어지게 되며, 그에 따라 행복 수치도 떨어지게 되는 것이다.

그러므로 쾌락의 쳇바퀴는 인간 본성에 관한 훌륭한 비유적 설명이다. 인간은 현재의 상태를 더 나아지게 하려고 애를 쓰는데, 그렇게 하면 더 행복해지리라고 믿기 때문이다. 하지만 일단 상태가 나아지더라도 곁에 있는 사람들도 우리만큼 잘 살게 되었다면, 행복의 수준은 처음과 같아지게 된다. 즉, 행복의 기준을 앞에 높인 목표를 향해 두었던 때와 마찬가지로 다시 한 번 기준점이 높아지는 것이다. 본질적으로 우리는 경쟁적이기 때문에 앞을 향해 나아가지만 그와 동시에 같은 자리에 머무를 수밖에 없는 쾌락의 쳇바퀴를 달리고 있다.

패션과 명품 산업 그리고 베블런재

부를 극대화하려는 우리의 욕망을 기반으로 등장한 경제학 개념 중 핵심적인 한 가지는 상품의 가격과 수요 사이의 역逆관계다. 공급과 수요의 법칙에 따르면 상품의 가격이 상승하면 사람들은 대체 물품을 찾기 시작하며, 그 상품에 대한 수요가 하락한다고 말한다. 그리고 이것이 신고전학파가 시장의 자연적인 힘에 기반을 둔 체계가 균형을 유지한다고 믿게 만든 핵심 메커니즘이다. 하지만 경제학자 소스타인 베블런은 몇 가지 상품의 수요에서, 특히 명품의 경우에 공급과 수요 법칙에 어긋나는 결과가 나타난다는 사실을 지적했다. 와인이나 보석 또는 디자이너 브랜드의 의류처럼 몇몇 명품의 경우, 가격이 상승할 때 사실상 수요도 증가하는 경향을 보여 준다. 이렇게 가격이 상승함에도 불구하고 수요가 증가하는 상품들을 베블런재Veblen goods라고 부르겠다.

이런 베블런재의 가격과 수요 사이의 관계는 신고전학파의 부 극대화 패러다임으로는 설명될 수 없다. 그 대신에 이런 현상은 경쟁 패러다임으로 설명될 수 있다. 이 패러다임에서는 상품 구매의 목적이 사회 안에서 상대적인 지위를 표현하는 신호를 제공하는 것이라고 본다. 우리의 본질적인 경쟁 본성을 인식하지 않는 한 값비싼 상품을 구매하는 행위는 도저히 이해할 수 없는 대상이다.

이런 이유로 겉보기에 비합리적인 가격에도 불구하고 호황을 누리고 있는 패션과 명품 산업 자체가 우리 인간은 최적화를 하는 자가 아니라 기본적으로 경쟁자라는 사실에 대한 강력한 실증적 근거라고 주장할 수도 있겠다.

경쟁과 극대화에 관한
몇 가지 사고 실험

다음은 여러분 자신이 최적화를 추구하는 사람인지 경쟁자인지를 판단할 수 있도록 도와주는 두 가지의 사고 실험이다.

급여 인상

당신이 열 명으로 구성된 팀에 속해서 근무하고 있다고 가정해 보자. 그리고 여러분의 팀은 훨씬 더 큰, 가령 직원이 1000여 명 정도인 기업에 속해 있다.

어느 날, 당신의 상사가 팀원들에게 급여 인상을 발표한다. 회사의 다른 구성원들이 10%의 상승분을 받는 반면, 팀 성과에 만족한 회사 측에서 당신 팀에게 평균 20%의 인상을 약속했다.

이런 소식에 여러분은 아마도 꽤 행복한 기분이 들 것이다. 하지만 이제 상사가 사무실로 당신을 불러서 개인 인상률을 말해 준다. 당신은 15% 임금이 인상되었다는 사실을 듣게 된다.

이제 당신은 회사 전체적으로는 다른 사람들보다 많이 받는다는 사실을 알지만 한편으로는 바로 옆에 있는 동료들보다는 못하다는 사실을 알게 된다. 이 소식에 어떤 반응을 보일 것 같은가? 솔직하게 생각해 보길 바란다.

팀 내에서 성과급 수준을 설정하는 상황을 겪어봤다면 아마도 매우 공감이 될 것이다. 불안은 항상 절대적 문제가 아니라 상대적인 개념이

라는 것을 말이다. 이것이 인사부에서 급여 같은 사안들에 대해 기밀을
유지하는 이유다.

새 자동차

당신은 똑같은 모양의 집들이 모여 있는 거리에 살고 있으며, 모두가
동일한 차종을 소유하고 있다. 그러던 어느 날, 당신은 10년 된 포드 자
동차를 번쩍이는 최신형 BMW5 시리즈로 바꿔 버렸다. 그날 밤, 집으로
돌아온 당신은 다른 이웃들이 볼 수 있도록 자동차를 집 주차장 밖에
세워 놓는다. 밤에 어떤 기분으로 잠자리에 들 것 같은가?

다음 날 아침, 잠이 깬 당신은 밖에 세워둔 자동차로 가 본다. 그곳에
서 당신은 이웃들이 모두 휘황찬란한 최신형 BMW7 시리즈를 소유하고
있는 것을 발견하게 된다. 그 모든 것들은 당신이 산 새로운 차보다 훨씬
비싼 것들이다. 새로운 차를 산 그들을 축하해 줄 기분이 들 것 같은가?
진지하게 생각해 보기를 바란다.

마르크스와 애덤 스미스에게
반기를 든 다윈

지금부터 인간 행동이 본질적으로 경쟁적이라는 사실을 받아들였다
면, 이제는 반드시 고전학파와 신고전학파, 리버테리언학파, 오스트리아
학파 그리고 마르크스학파에 이르기까지 모든 경제학 개념들을 거부할
수밖에 없다. 내가 생각하기에 고전학파와 신고전학파, 그리고 마르크스

학파를 거부해야 하는 이유는 꽤 명백하다. 그러므로 이 문제에 대해 우선적으로 살펴볼 것이다. 한편, 오스트리아학파와 리버테리언학파를 거부해야 할 이유를 살펴보는 것은 보다 더 흥미로우며 경제학계에 하나의 대안을 제시하는 작업에 도움을 준다.

다윈 vs 신고전주의

다윈주의의 경쟁 원리에서 본 신고전학파의 문제점은 이미 간접적으로 다루었기에 간략하게 요점만을 짚고 넘어가겠다.

인간의 의사결정이 근본적으로 경쟁적인 과정이라면 개인의 결정은 동료 집단의 결정에 따라 달라진다. 이것은 경제라는 거대한 모형을 개인행동의 총합만으로는 신뢰할 만한 수준으로 모형화시킬 수 없다는 뜻이 된다. 또한 경쟁 상태에 있는 개인의 행동들이 자연스럽게 균형 상태를 이끌게 되리라는 것도 확실하게 가정할 수 없다. 오히려 그런 경쟁적 행위자는 균형 상태를 교란할 가능성이 더 많다. 거시경제체계를 독립적 개인의 행동 총합으로써 모형화하는 순진한 신고전학파의 접근법은 그러므로 실패하게 된다.

다윈주의 vs 마르크스주의

논쟁의 여지는 있겠지만 다윈주의의 경쟁은 자본주의를 불안정한 부의 양극화 체계로 바라본다는 점에서 어느 정도는 마르크스의 암울한 관점과 일치한다. 하지만 다윈주의는, 마르크스가 생각했던 자본주의를 대체해야만 하는 체제와는 완전히 모순이다. 우리가 정말로 주변인들에 대한 상대적인 지위에 따라 움직이는 존재라면 인간 본성은 처음부터 공산주의와 같은 경제체제는 완전히 거부할 것이다. 그것은 개인의 기여도를 고려하지 않은 채 단순히 자원을 균등하게 배분하려고 시도하기 때문이다.

한편, 많은 경제학자들은 마르크스주의가 자원 배분 과정에 가격메커니즘을 사용하지 않는다는 이유로 비판한다. 그들은 자유시장체제가 자연스럽게 최적의 자원배분을 이룩하게 될 것이며 전체적으로는 사회후생을 극대화할 것이라고 주장한다. 이처럼 자유시장체제의 자원배분이 완벽하다고 생각하기에 자유시장 논리에서 벗어난 모든 체제는 모두 열등하다고 보는 것이다. 하지만 앞서 언급했듯이 신고전학파의 최적화 구조는 결함을 지니고 있으며 경쟁적 패러다임으로 교체되어야 할 필요가 있다. 따라서 자유시장체계가 자연스럽게 최적의 자원 활용을 달성하리라고 가정하는 것도 더 이상 안전하지 않다.

군집행동 때문에 자원 활용이 상당 기간 동안 최적의 상태에 미치지 못한 채 한쪽으로만 쏠림 현상이 있었다고 해 보자. 실제로 금 투자가 크게 유행해 사회적으로 비생산적인 자원배치가 일어난 적이 있다. 아프리카 지하 광산에서 금을 스위스의 지하금고로 재배치하려는 움직임이 집중됐던 것이다.

이제 사고실험의 일환으로 슈퍼컴퓨터를 사용해 경제 중앙통제체계를 체계화하는 것이 가능해졌다고 해 보자. 이 체계를 통해 불완전하고 불안정한 자유시장체제에서보다 두 배 정도 높은 산출량을 획득할 수 있게 되었다. 이후 중앙에서 통제된 부가 공산주의 입장에서 노동자들에게 균등하게 배분된다고 가정해 보자. 앞서 논의한 대로 우리가 경쟁자 성향을 타고났다면 이러한 고정된 보상체계에 어떤 식으로 반응할 것 같은가?

노동의 보상인 산출량을 가지고 경쟁할 수가 없기 때문에, 이제 우리 인간은 자연스럽게 투입량을 통해 경쟁하기 시작하는데 여기서 투입량은 작업량을 의미한다. 함께 일하는 동료보다 경쟁적 비교 우위를 획득하는 방법은 단 하나다. **보다 적은** 양의 작업을 하고 다른 이들과 같은 고정된 혜택을 받는 것이다. 이런 방식으로 우리는 적어도 작업 시간당 더 큰 혜택을 누릴 수 있게 된다. 당연하게도 그 결과는 일종의 바닥치기 경쟁이 되고 모든 사람은 상대방보다 덜 일하기 위해 경쟁한다. 우리는 이런 현상을 동기박탈demotivation이라고 부른다. 결국 관리당국이나 지도층이 최후의 수단으로 강제적인 압력을 행사하지 않는 한 이러한 경제체계는 동기박탈의 무게에 눌려 붕괴하게 될 것이다. 불행히도 이것은 단지 가상의 사고실험이 아니라 공산주의 권역에 속해 있는 수백만 명의 사람들에게 여러 해에 걸쳐 실제로 일어난 상황이었다.

우리가 진정으로 다원주의의 경쟁자라면, 불균등한 보상 분배는 우리가 동기부여 상태를 유지하기 위해 감수해야 할 비용이라는 사실을 받아들여야만 한다.

리버테리언에 대한
다윈의 반박 ─────────

　다원주의 경쟁이론이 리버테리언에게 암시하고 있는 점은, 그것이 신고전학파와 마르크스학파에 던진 쟁점들이 단순히 흥미로운 수준에 그쳤던 데 반하여, 긍정적인 방향에서 훨씬 매혹적이기까지 하다. 리버테리언 패러다임은 이상적인 경제란 가능한 한 자연에 가까운 상태의 사회체제에서 발생한다. 리버테리언에게는 조세나 규제가 거의 없는 최소한의 정부개입이 가장 바람직한 상태다. 그런 상황에서 모든 인간은 할 수 있는 한 최선을 다하며 자신만의 삶을 자유롭게 영위할 수 있다고 믿는다.

　정말로 아름다운 이야기다. 이대로만 된다면 확실히 매력적이라고 생각한다. 하지만 불행하게도 리버테리언의 이상과는 잘 들어맞지 않는 반복되는 문제가 실험적 증거를 통해 나타난다. 아프가니스탄과 소말리아에는 정부 규제가 거의 없다. 그럼에도 불구하고 자유주의자들의 묘사대로 경제 진보를 이룬 지상낙원 상태가 아니다.

　오늘날 지구상에는 리버테리언의 원칙대로 운영해 성공한 나라가 단하나도 없다. 역사상에서도 그러한 예는 찾아볼 수 없으며 앞으로도 그런 사회는 존재하지 않을 것이다. 이렇게 확실히 말할 수 있는 이유는 우리들이 지닌 다원주의의 본성의 어두운 측면 때문이다.

　얼마 전에 야생동물을 다룬 근사한 영상을 본 적이 있다. 그것은 다원의 진화론이 잔혹한 현실세계에서 어떻게 나타나는지를 보여 주는 설득력 있는 장면이었다. 영상은 눈으로 뒤덮인 평원을 가로질러 늑대 떼에게 쫓기는 들소 무리를 보여 준다. 늑대들은 물소 떼를 포위해 나가면서 몇 마리 들소가 무리에서 떨어져 나오는 때를 기다린다. 그리고 결국 도망가던 들소 무리에서 몇 마리가 낙오된다. 그렇게 무리에서 떨어져 나온 물소 중에는 태어난 지 얼마 되지 않은 작고 어린 새끼가 있다. 늑대 떼는 당연하게도 공격을 시작하려 하고, 늑대 떼가 어린 들소를 잡아 쓰러뜨리는 일은 시간문제인 것처럼 보인다. 하지만 놀랄만한 일이 그다음에 벌어졌다.

덩치 큰 수컷 들소 한 마리가 무리에서 낙오된 것이다. 무리로 다시 돌아가기 위해 필사적으로 달리던 수컷 들소는 늑대 떼에 둘러싸인 어린 새끼 들소를 보게 된다. 그러자 수컷 들소는 더 빨리 도망가고자 노력하는 대신 늑대 떼에 둘러싸인 어린 들소에게로 달려간다.

이는 예상과 달리 공격하는 늑대 떼를 어린 들소에게서 떼어내 주려는 의도가 아니었다. 오히려 그는 어린 동족을 향해 빠르게 달려가 공격하다가 늑대 떼에게 집어 던져버린다. 나약한 어린 들소는 허공에 몸이 떠올랐다가 사나운 늑대 떼 한가운데로 무기력하게 나가떨어진다. 이런 절망적인 상태의 어린 들소에게로 늑대들의 주의를 돌리는 데에 성공한 수컷 들소는 상황에서 빠져나올 수 있게 된다. 이렇게 커다란 수컷 물소는 안전하게 원래 무리로 돌아와 다음 세대로 자신의 DNA를 물려주게 된다. 희생물이 된 어린 물소는 자신의 DNA를 물려줄 수 없을 것이다. 나이든 수컷 물소는 자신의 탈출을 위해 어린 동족을 희생물로 삼았다. 이것이 다윈주의의 어두운 일면이며, 개인들을 가만히 놓아두면 서로 알아서 자신의 행복을 극대화하는 사회를 만들 수 있다는 유토피아사고에 바탕을 둔 리버테리언이 안고 있는 커다란 문제점이다.

이제 다원주의의 경쟁 개념이 리버테리언 사회에 어떤 작용을 할지 상상해 보는 것은 어렵지 않다. 자유주의 실험을 위해 아무것도 없는 무無의 상태에서 하나의 사회를 건설하였다고 가정해 보자. 가령 고립된 열대지방의 어느 한 섬에 100명의 남성과 여성을 배치했다. 실험이 시작될 때 그들은 서로를 완전히 모르는 상태다. 얼마나 오랜 기간을 그들이 순순한 개인으로 살 것이라고 예측하는가? 추측컨대 5분이 채 안 되는 시간일 것이다. 잠잘 곳을 만든다든지, 음식이나 땔감을 모으는 일 등 여러 가지 이유로 협동 그룹을 형성한다. 그것이 그들에게 즉각적인 이득이 되니 말이다. 협동 그룹을 형성할 때 발생하는 개인 차원의 이득은 애덤 스미스 경제철학의 기본 토대다. 다른 사람과 함께 일하지 않는다면, 당신이 가진 전문기술은 단지 노동의 분업만을 통해서는 아무런 쓸모가 없다.

이번에는 멜서스학파 입장에서 좀 더 현실적인 실험을 한번 해 보자. 그 섬이 단지 90명만을 먹일 수 있을 정도의 크기라고 가정하자. 또는 어느 시점에 100명으로 인구수가 증가해 섬이 인구를 부양하지 못할 정도가 되었다고 다른 방식으로 가정할 수도 있다. 이런 상황이 되면 음식 저장고를 보호하거나 영토를 보호하는 등 방어적인 이유로 다른 집단과 동맹관계를 만들어야 할 유인이 발생한다. 동맹관계가 형성되더라도 식량은 여전히 부족할 것이고, 구성원들 사이에는 남들보다 위에 서려는 확실한 진화적 유인이 나타날 것이다.

초기의 100명이라는 조건은 매우 불안정한 상태가 될 것이다. 생존에 대한 다윈주의자들의 본능은 즉각적으로 하나의 부족 체제를 이루도록 자가 조직화되기 시작한다. 설립된 부족 체계는 곧 지도자 구조를 구축할 것이고, 이렇게 서열이 한번 정해지면, 집단지도자가 지닌 다원적인 유인은 자신들의 지위를 보장받으려는 일에 집중될 것이다.

시간이 흐르면 부족의 엘리트들은 수장으로서의 자신들의 위치를 견고하게 해줄 법과 관습, 소유권과 조세 체계 등을 발전시키고자 노력한다. 이런 다윈식의 세계에서 그들은 높은 사회적 위치를 가능한 한 직계 후손에게 물려주려는 시도를 할 것이다. 그러한 세계는 지배 엘리트 계층이 자신들의 현 상태를 유지하려는 데에 모든 노력을 쏟아 붓는 사회와 같다. 즉, 이것은 절대적 지도자와 완고한 사회적 구조로 특징화되는 봉건주의 사회라고 말할 수 있다. 이러한 분위기는 확실히 사회질서를 혼란시킬 수도 있는 기업가들의 활동을 장려하는 사회는 아니다. 또한 권리를 박탈당한 이들이 지도계층을 끌어내리려고 시도함에 따라 빈번한 혁명도 있을 것이다. 지도층이 새로 대체되더라도 그들의 동기는 이전 세대의 지도층과 불가피하게 같을 것이기 때문에 이런 혁명이 일어나더라도 거기에서 나오는 차이는 미미할 것이다.

그것은 리버테리언이 생각하는 아무런 지배가 없는 열반nirvana의 상태와는 상당히 거리가 먼, 기득권과 연고주의가 지배하는 봉건사회에 불과할 것이다. 리버테리언은 이런 사회를 가리켜 민간 부문의 조정 현상이라고 부를지도 모르겠다. 하지만 하층민의 입장에서는 그들 머리 위에 있는 큰 정부에 의해 압박을 받는다고 느낄 것이다.

만약 우리가 진정한 다원주의의 경쟁자여서 그에 걸맞은 자연적인 경제체제를 형성한다면, 그 결과는 고전학파나 신고전학파, 자유주의자 그리고 오스트리아학파의 패러다임에서 설명되는 모형이 아니라 봉건주의 모형에 훨씬 더 가까울 것이란 얘기다.

자연상태에서 사람들은 쾌락의 쳇바퀴를 전력 질주하다가 그중 먼저 앞에 도달한 사람은 그 즉시 사회적 서열을 고착시키기 위해 정지 버튼을 누른다.

이게 썩 매력적인 그림은 아니지만 인류 역사의 99.5%를 묘사하는 정확한 그림이다. 특정 지역에서 봉건주의는 100% 정확히 그 나라의 역사를 묘사한다. 북한의 통치자들이 왜 나라가 극빈국가로 뒤처져있는 상태에 만족하고 있는지 궁금하지 않은가. 다원주의의 자기 이익과 그 결과로 이루어진 봉건주의 모형이 해답이 될 것이다. 오늘날 김일성에서부터 그 손자까지 3대째 세습하고 있는 북한의 지도자 김정은에게 있어 모든 것은 완벽한 다원주의의 봉건주의 모형 순서로 배열되어 있다.

만약 우리 인간이 다원주의의 경쟁자라면 리버테리언의 유토피아는 결국 노예상태에 이르는 길road to serfdom[66]에서 잠시 들리는 휴게소일 뿐이다. 경제학자인 로버트 프랭크Robert Frank가 이 사안에 대해 언급한 것을 인용해 보자.

"많은 리버테리언이 소중히 여기는 믿음, 즉 스미스의 이론에서는 완벽하게 그럴듯한 유토피아적인 세계관은 다원주의에 적용했을 때는 전

---

66) 자유주의자인 하이에크(Friedrich von Hayek)의 같은 이름의 책 제목에서 따온 것이다. 그는 이 책에서 사회주의 계획경제에 대해 모든 사람을 노예상태로 만드는 과정으로 묘사했다.

혀 살아남지 못한다." (프랭크, 2011)

이런 차원에서 그의 저서 《다윈 경제학The Darwin Economy》은 읽을 만한 가치가 있다. 서로를 완전히 다른 극단에 있다고 여기는 마르크스와 리버테리언 두 학파 모두 인간 본성에 대해 자연의 모습과는 전혀 동떨어진 낙관적인 견해를 보였다는 사실은 재미있다. 마르크스학파는 우리 인간이 타인보다 더 나은 보상을 받으리라는 전망이 전혀 없는 상태에서도 공동선을 위해 노동하도록 설득할 수 있다고 믿는다. 리버테리언들은 인간이 타인에게 피해를 입히지 않는 선에서만 이익을 추구할 것이라고 생각한다.

이런 리버테리언과 마르크스학파의 패러다임은 너무도 순진하며, 두 이론 다 다윈의 과학 이론에 면밀히 비추어 보면 완전히 자가당착에 빠진다. 마르크스학파는 억압적이고 강제적인 체제로 어쩔 수 없이 전락해 버린다. 반대로 리버테리언은 봉건주의로 진화해 버린다. 이 두 가지 세계 사이의 차별점을 군이 찾아낸다고 하더라도 너무나 미세해서 실질적인 차이는 거의 없다. 만약 우리가 다윈방식의 경쟁자라면, 마르크스학파와 리버테리언 사이에 그 어떤 차이점도 결국에 가서는 실체가 없는 환상임이 드러날 것이다. 즉 둘 다 교묘하게 위장된 봉건체제에 불과하다.

과학적 증거로 보자면 우리 인간은 신고전학파들이 주장하듯이 이익 극대화를 추구하는 존재가 아니라 다윈주의에서 지적하듯이 경쟁하는 존재라고 볼 만한 충분한 근거가 있다. 다윈주의 패러다임은 인류 역사의 많은 부분을 아주 잘 설명해 준다. 하지만 다윈주의, 즉 봉건주의 패러다임은 우리가 정말로 관심 있는 역사의 한 장면을 잘 묘사해 주지는 못한다. 인류가 비정상적일 정도로 엄청난 성장을 이룩한 지난 200~300년에 관한 설명이 필요하다. 이 엄청난 비약 현상을 이해하는 것이 다음 장의 목표다.

9

패러다임의 전환

"모든 새로운 과학 이론은 선행지식이 제공한 중핵(重核, a hard core)을
보전하면서 거기에 새로운 것을 더한다."

토머스 쿤Thomas Kuhn

이제 여러분은 신고전학파들이 주장하는 식으로 인간이 극대화를 추구하는 행위자가 아니라 다윈이 말하는 경쟁자라는 점, 그리고 자연 상태의 경제체제는 정체된 봉건주의의 형태를 띠지만 이런 관점은 사실 최근의 경제적 진보에 대한 설명을 충분히 제공할 수 없다는 점, 경제학이 혼란스러운 과학 위기의 상태에 처해 있다는 점, 과학혁명의 역사를 보면 자주 균형 모형이 동태적인 순환 이론으로 대체되곤 했었다는 점, 그리고 마지막으로 관점을 좀 전환하고 약간의 상상력을 가미해서 경제학을 이 위기 상황에서 벗어나도록 할 필요가 있다는 점을 기꺼이 받아들일 수 있어야 할 것이다.

이제 다음 단계는 그런 관점의 전환을 통해, 경제학 이론을 단순화하고 경제성장의 근원을 밝히며 요즘 나타난 경제적 병폐현상을 보다 잘 이해하도록 하는 일이다. 첫 단계로 다음과 같이 질문해 보자.

무엇이 갑자기 올바로 바뀌었는가? 무엇이 몇백 년 전에 우리의 경제체제를 갑자기 바꾸었길래 지난 천 년의 정체 상태를 갑자기 빠져나와 생활 수준이 지속적으로 상승하는 상태로 진입하도록 할 수 있었을까?

스팍 박사의 스타일로 논리적이며 과학적인 방식으로 이 문제에 접근하는 방법은 일단 다음과 같이 질문하면서 실험적인 증거부터 찾는다. 경제성장이 언제 시작했는가? 어디서부터 시작했는가? 그리고 그때 그 장소에서 경제성장을 촉진하는 계기가 된 어떤 큰 사건이 발생했는가? 그리고 마지막으로 오늘날의 세계경제 상황을 살펴보면서 우리 자신에게 이렇게 물어야 한다. 오늘날 가장 성공적인 경제를 일군 국가들은 최악의 경제와 어떤 차이점이 있는가?

우리가 만약 이러한 질문들에 대답할 수 있고 그 대상들이 어떤 공통의 주제를 가리키고 있다면, 무엇이 경제성장 장치를 작동시켰는지에 관한 힌트를 얻게 될 것이다.

간략히 살펴보는
세계의 정치적 역사

논제를 명확하게 하기 위해 인류의 정치적 역사가 만 년 전 쯤에 시작되었다고 해 보자. 다원주의의 진화론에 따르면 우리 인간은 두 가지 핵심 욕망을 가지고 있다. 양육능력 이상으로 자손을 많이 낳고자 하는 욕망이 첫째이며, 그 욕망에 따라 음식을 비롯한 생존 자원을 두고 이웃과 경쟁하고자 하는 충동이 둘째다. 그러나 인간은 집단적으로 행동한다면 더 효과적으로 경쟁할 수 있다는 사실도 안다. 그것은 애덤 스미스가 지적했듯이 부분적으로는 노동의 분화에서 발생하는 생산성의 이익 때문이다. 수적인 안정성이라는 이유로도 부족을 형성하게 된다. 그리고 이렇게 형성된 초기의 부족 사회 안에는 우두머리 역할에 대한 강력한 다원주의적 경쟁이 나타난다. 우두머리가 되는 것은 음식 자원을 더 많이 획득하고 그에 따라 자손을 많이 퍼뜨릴 수 있는 최고의 기회를 제공한다.

당시의 지도자들은 다원주의자들이 추론컨대 유전적인 권리와 현 지위상태를 유지하도록 사회적 구조를 만들었다. 자손들에게 자신들의 최고위층 특권을 물려줄 수 있는 형태 말이다.

재생산을 향한 다원주의자들의 열망과 멜서스학파에서 주장하는 식량부족을 고려해 봤을 때, 경쟁적인 압력이 부족 사이에서 불가피하게 발생한다. 그리고 순전히 수적인 우세로 더 큰 부족의 지도층이 작은 부족에 비해 많은 양의 몫을 챙긴다. 여기에 더 큰 부족을 형성하고자 하는 지도자들 사이의 합병에 대한 동기가 생겨나게 된다.

우리는 오늘날에도 이런 현상을 살펴볼 수 있는데 국제적인 그룹이 한 예시이다. 이 과정의 결과는 보다 큰 영토에서 통제력을 발휘할 수 있는 더 큰 부족으로의 꾸준한 진보다.

논의를 더 명확히 하고자 이런 부족들을 복합 기업 왕국이라고 부르겠다. 왕국이 점점 더 커지고, 보다 더 큰 영토를 확보하고자 하는 전쟁이 과열됨에 따라 이제는 행정력을 향상시키면서 더 뛰어난 무기류를 필요로 하게 된다. 이에 따라 왕국은 글쓰기와 약간의 기술 발전도 장려하기 시작한다. 이것은 결코 성장이 멈추는 시기가 아니다. 그러나 엘리트층들은 그 상태를 유지하는 게 우선이다. 지위와 사회적 정체성을 유지하는 일은 그들에게 가장 중요하다.

지도층의 진화적인 목적이 더 많은 자원 확보라는 사실을 고려할 때, 자연적인 조세 체계는 타락의 길을 걸었을 것이다. 부의 흐름이 끊임없이 위를 향하도록 한 데에는 세금 체제도 일조하기 쉽다는 얘기다. 가난한 이들에게서 나온 세금이 부유층과 왕정 및 군정, 그리고 보안기관을 후원하는 목적으로 사용될 수 있다. 비지도층 입장에서 세금을 감당하기에는 부담이 심해 견디기에 너무나 가혹할 수 있다. 이런 경우, 소작인 집단은 폭동을 일으키거나 적어도 그 우두머리들이 세력을 모았을 것이다.

인간의 생활수준이 전혀 개선되지 않았거나 거의 느낄 수 없을 정도로 미미하게 나아지고 있던 인간 정치사의 최초 9700년간이 그랬다. 아주 짧게나마 주요 문명국에서는 지도층이 아니더라도 적당히 개선된 생활수준을 영위했다는 것은 인정하겠다. 하지만 그것은 일시적이거나 자주 무너졌기 때문에 큰 의미는 없다.

정치 역사의 두 번째 단계는 대략 3세기에서 5세기 전인 17세기 중반부터 시작된다. 윌리엄 하비가 혈액순환 이론을 발견한 시점이 그즈음이다. 그가 가장 아끼는 환자였던 영국의 찰스 1세가 단두대에서 처형을 당하던 때다. 찰스 1세는 1649년 왕권을 빼앗겨 즉시 단두대에서 처형당하는데, 그로부터 21년 후 하비는 혁명적인 혈액순환 이론을 발표한다.

역사학자들은 이 기간을 계몽운동의 시발점으로 특징짓는다. 코페르니쿠스 혁명을 비롯한 북유럽의 시대정신에서 볼 수 있는 것은 세상이 더 나아질 것이라고 상상하기 시작했다는 것이다. 코페르니쿠스는 과학 분야에서 오래된 믿음 구조를 바꿀 수 있다는 사실을 보여 주었으며, 윌리엄 하비는 의학 분야에서도 그와 같은 혁명이 가능하다는 것을 확인시켜 주었다. 그리고 올리버 크롬웰Oliver Cromwell(1599~1658)은 비록 더 잔인하고 혁명적인 방법을 통해서였지만 영국의 정치 구조도 바꿀 수 있다는 사실을 증명했다.

크롬웰은 영국 내전에서 국회의원 집단을 승리로 이끌면서 찰스 1세를 단두대에서 처형하며, 1694년에 영연방 공화국을 세웠다. 사실 영국 혁명은 보통 선거권을 가지는 근대 민주주의 체계로의 급격한 이동은 아니었다. 수평파로 불리는 자들이 성인 남성에 대한 보통 선거권을 요구했지만 크롬웰은 그 지도자를 총살하였다. 그렇다고 해서 이것이 단순히 하나의 절대 지도자를 다른 지도자로 바꾸는 전형적인 봉건 혁명도 아니었다. 영국 혁명은 인류 정치 역사의 두 번째 단계인 근대 민주주의로 내딛는 일종의 비틀거리는 첫 걸음이었다.

크롬웰은 새로 탄생한 영연방을 그가 사망한 1658년까지 다스렸다. 후계자는 그의 아들인 리처드 크롬웰Richard Cromwell로 지목되었는데, 불행히도 그는 자신의 임기를 1년도 채 채우지 못했다. 대신 찰스 1세의 아들이 프랑스에서 돌아와 왕권을 다시 얻게 되었다. 그 후 1660년부터 1685년까지 찰스 2세가 통치하다가 그의 남동생인 제임스 2세가 그 뒤를 이어받는다. 크롬웰의 혁명 이후 군주제가 다시 부활했음에도 불구하고, 민주주의에 대한 열망은 그대로였으며 의회는 이를 더욱 강한 어조로 주장하였다.

제임스 2세는 영국의 다음 혁명으로 인해 겨우 몇 년 동안만 왕좌를 유지했다. 1688년 영국 의회는 제임스 2세를 몰아내고 영국의 왕좌를 차지하기 위하여 네덜란드의 오렌지공 윌리엄William of Orange과 그의 부인인 찰스 1세의 장녀 메리Mary를 영국으로 초청한다. 이어지는 침공과 혁명은 거의 피를 흘리지 않고 성공하여 1688년의 명예혁명이라고 알려지게 된다.

영국의회가 윌리엄과 메리에게 제안한 내용은 관대했다. 하지만 그것은 영국의 권리장전(1689)에 포함된 중대한 거짓말들도 같이 포함하고 있었다. 권리장전은 윌리엄과 메리에게 왕좌를 주었지만, 동시에 의회 선거권의 자유를 보장하고, 의회 발언의 자유 그리고 모든 주요 과세에 관한 권리를 의회가 가지도록 했다. 윌리엄과 메리는 왕좌를 얻었지만 의회는 '왕국 국민들의 분명한 권리와 자유'를 유지하는 권력과 권한을 가지게 됐다.

1649년부터 1689년은 두 명의 왕이 폐위되고 공화국이 성립과 해체를 반복했다. 요청에 의한 침략도 있었고 외래 군주도 등장했다. 모든 기간을 통틀어 가장 특이한 일들이 많이 일어난 기간이 이때다. 복잡하기는 했지만, 중요한 점은 고대의 다원주의적 봉건 체계로부터 벗어나 모두가 동등한 권리를 가지는 체계가 되었다는 것이다. 이는 근대의 민주주의 국가가 되는 길에 있어 중요한 이정표였다.

민주주의를 향한 다음의 큰 진보는 거의 1세기가량이 걸렸다. 1775년 미국에서는 독립전쟁이 일어나고, 바로 직후인 1776년에 독립선언을 하게 된다.[67] 미국의 독립선언은 평등한 권리의 개념을 다음과 같이 강하게 표명하고 있다.

"모든 인류는 평등하게 태어났으며, 창조주는 몇 개의 양도할 수 없는 권리를 부여하였다. 그 권리 중에는 생명, 자유 그리고 행복의 추구가 있다."

미국의 독립선언은 계속해서 다음과 같이 흥미로운 내용을 담고 있다.

"인류는 정부를 조직했으며, 이 정부의 정당한 권력은 인민의 동의로부터 유래한다. 또 어떤 형태의 정부이든 이러한 목적을 파괴할 때에는 언

---

[67] 미국의 독립선언은 애덤 스미스가 그의 유명한 저서인 《국부론》을 편찬한 해인 1776년에 일어났다. 또한 이즈음부터 경제성장의 속도가 올라가기 시작했다. 자연스럽게 경제학자들은 1776년 이후의 경제성장에는 애덤 스미스의 이론이 기여했다고 보았다. 애덤 스미스도 결국 그들과 같은 생각을 갖게 되었는데, 예를 들면 129쪽에서 앨런 그린스펀이 국부론에 대하여 언급한 부분을 생각해보면 된다. 하지만 실제 해당 기간의 경제성장은 국부론이 아닌 독립선언, 좀 더 정확하게는 민주주의 자체에 담긴 개념 때문이라는 역사적 해석도 있다. 독립선언과 국부론이 동시대에 출현했기 때문에 경제 발전 속도를 바꾼 원인으로 이들 문서들 간의 상대적인 중요성은 모호할 수밖에 없다.

제든지 정부를 개혁하거나 폐지하여 인민의 안전과 행복을 가장 효과적으로 가져올 수 있는 원칙에 기초를 둔 형태로 새로운 정부를 조직하는 것은 인민의 권리다."

미국 혁명 후 얼마 지나지 않아 1789년부터 1799년에 걸쳐 프랑스 혁명이 일어난다. 이 또한 프랑스 인권선언이라는 형태로 시민 권리에 대한 성명서를 수반하고 있는데, 프랑스 인권선언도 미국의 독립선언에서 언급하는 부분을 되풀이한다. 첫 번째 조항에는 인류는 자유롭고 평등하게 태어나고 존속한다는 내용이 기재되어 있고, 세 번째 조항은 모든 주권이 본질적으로 국민에게 있다는 내용이다.

영국, 미국 그리고 프랑스의 정치구조 개혁 기간 동안, 각국에서 수많은 사람들의 목이 잘려나갔다. 이들 혁명이 특별했던 점은 이전 역사를 통해 빈번히 일어났던 것처럼 단지 봉건 지도자만 바꾼 게 아니라는 사실이다. 처음으로 순환 통치 구조를 만들어 냈다. "인류는 정부를 조직했으며, 이 정부의 정당한 권력은 인민의 동의로부터 유래한다"는 조항을 통해 정부는 이제부터 그 정부를 조직한 사람들에 의해 조종되게 되었다.

요약하면, 정치 역사는 두 기간으로 나누어 생각해 볼 수 있다. 그것은 계층적 혹은 선형적 체계가 지배하는 봉건 시대와 순환 시스템이 지배하는 민주주의 시대. 영국, 미국 그리고 프랑스의 경제 발전이 가속화되는 시점이 같다는 것은 단순히 우연의 일치일까. 당시 영국, 미국, 그리고 서유럽에서만 뚜렷한 경제 발전이 있었다는 것도 그럴까. 그렇다면 오늘날 우리 주변을 둘러보았을 때 높은 생활수준을 영위하는 국가들 대부분이 민주주의 국가들인 것도 그저 우연이라고 생각하면 된다. 그러나 모두 단순한 우연으로 치부하기에는 복잡한 사안이다. 이에 대해 경제 제도학파에서 답을 줄 수도 있겠지만 순환 지배 구조circulatory governance structure를 가진 민주주의가 경제 발전의 원인일지도 모른다.

경제성장의 순환 이론

이제는 상당히 자연스럽게 경제 시스템을 바라보는 단계에 도달하게 된다. 우리에게 이제 필요한 것은 기본적인 다원주의적 경쟁 경제체계를 민주 정치체계와 결합하는 것이다. 놀랍게도 이러한 조합은 아주 훌륭한 결과를 가져온다.

우선 기본적인 봉건사회 구조를 생각해 보자. 많은 수의 저소득층이 있고, 소수의 사람들만 고소득층으로 분류된다. (여기서 소득이라는 개념과 부유함의 개념을 구분하는 것은 별로 중요치 않다.) 결과적으로 해당 사회 전체의 소득 분배구조는 자료12에서 보여주고 있는 사회 피라미드 구조로 생각해 볼 수 있다.

다음은 민간 부문과 공공 부문의 경제가 어떻게 형성되는지 생각해 보는 것이다. 이는 그리 어렵지 않게 상상해 볼 수 있다. 다원주의에서 말하는 봉건사회의 경제 형성 기원에 따르면 부의 흐름이 사회 피라미드 구조 상단으로 흐르도록 끊임없는 압력을 유지하기 때문에, 부의 양극화는 사회 지도층이 원하는 방향으로 유지된다. 민간 부문에서 무역, 상

자료12. 피라미드로 표현된 사회 소득 분배 구조

업 그리고 임대 수입으로 발생하는 이득은 사회 피라미드 상단의 구성원
들이 차지하기에 유리하고, 공공 부문에서의 조세 정책들도 사회 지도층
의 이익을 도모하도록 기획된다.

　이는 소득 수준에 반비례하여 세금을 부과하는 역진세에 해당한다.
봉건 경제체계에서 양극화된 소득 분배 구조를 유지하기 위해 민간과
공공 부문은 공조한다. 결과적으로 부의 대부분이 사회 피라미드 상단
으로 이동하게 되는 것이다. 사회 지배층이 사회 피라미드 상단으로 유
입된 자금을 가지고 어떠한 투자 활동에도 매력을 느끼지 못하게 되면,
돈은 움직이지 않는다. 그들의 목적은 단지 피라미드 구조 상단에 머물
며 전체 체계를 현재 상태로 유지하는 것이다.

이러한 부의 흐름을 가지고 있는 봉건 경제구조는 자료13과 같이 볼
수 있다.

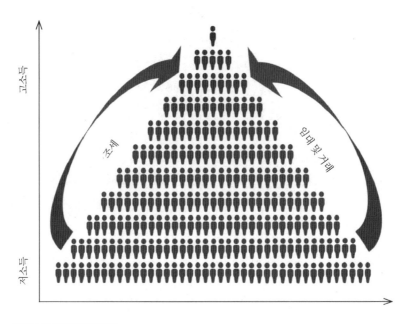

자료13. 봉건사회의 경제구조

그러면 이제 이러한 봉건 체계에 민주주의 개념을 삽입하면 어떤 일이
벌어지는지를 살펴보자. 우리는 영국, 미국 그리고 프랑스 민주혁명에서
조세제도 개편에 대한 요구가 어느 정도 영향을 미쳤다는 것을 알고 있
다. 민주주의 개념을 경제체제에 반영한다는 것은 조세 시스템의 흐름을
기존의 역방향으로 바꾸는 것이라고 보는 것과 같다. 조세 시스템을 역
진세에서 누진세로 바꾸는 것이다. 이렇게 되면 저소득층에 집중된 세금
부담이 고소득층으로 옮겨 가게 된다.

과세의 방향이 역으로 바뀐 새로운 구조는 이제 자료14와 같은 형태가 될 것이다.

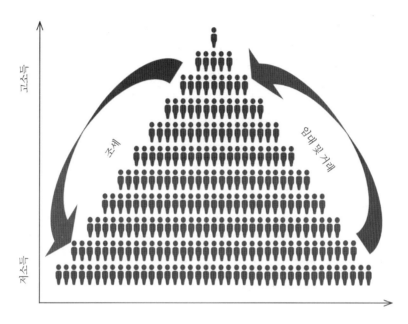

자료14. 민주적 경제구조

이제 여기서 잠시 멈추고 윌리엄 하비와 그의 혈액순환 이론에 대한 이야기를 상기해 보는 것이 좋겠다. 기억할지는 모르겠지만, 하비 이전에는 갈레노스의 혈액순환 이론이 의학계를 지배하고 있었다. 갈레노스의 이론에서는 혈액은 두 개의 맥을 통해서 이동한다. 정맥은 검붉은 정맥혈을 몸으로 순환시키고, 동맥은 선홍색의 동맥혈을 순환시킨다. 결정적으로 갈레노스의 모델에서는 이러한 정맥과 동맥에서의 순환 방향이 같다고 믿었으며 이들 두 순환 체제가 곧 혈액분배 시스템으로 여겨졌다. 그런데 정맥과 동맥 두 시스템 모두 끝이 막혀 있는 단절된 구조이기 때문에 피는 힘차게 순환할 수 없다.

이러한 혈액순환 시스템은 민간과 공공 부문이 모든 부를 사회 피라미드 상단의 끝으로 향하도록 만드는 봉건 경제체계에 빗대어 볼 수 있다. 봉건 경제체계에서는 통화와 부가 느리게 움직인다. 이는 갈레노스의 혈액순환 모델에서 혈액이 느리게 움직일 수밖에 없다고 믿었던 것과 같다.

하비는 갈레노스의 모델에 단지 작은 변화만 주었다. 한쪽의 혈액 흐름의 방향을 역으로 바꾼 것이다. 하비의 모델에서는 정맥 시스템이 동맥으로부터 분배된 혈액을 거둬들인다. 그리고 거둬들인 혈액은 산소를 공급하기 위하여 다시 간으로 돌려보내지고 간은 이를 다시 활성화시켜 몸으로 재순환시킨다. 동맥 시스템은 혈액분배 시스템이 되고, 파트너로서 정맥 시스템은 혈액수집 시스템이 되는 것이다. 흐름의 단절이 없는 하비의 새로운 모델에서는 혈액이 하나의 순환 시스템에서 활기차게 흐를 수 있는 것이다.

갈레노스의 단절된 순환 흐름에서 하비의 활성화된 순환 모델로 전환하는 것처럼 민주혁명으로 야기된 조세 흐름의 방향을 반대로 바꾸는 것은 상상력의 무리한 도약을 요하지 않는다. 새로운 순환 흐름은 자본주의와 민주주의의 뜻밖의 협조로 일어났다고 생각할 수도 있다. 자본주의는 부의 방향을 사회 피라미드 상단으로 이동하게 하는 역할을 하는 반면, 민주주의와 누진 과세 제도는 부의 방향을 반대로 내려 보내는 일을 한다. 결과적으로 자료15와 같은 활기찬 부의 순환 흐름이 경제구조로 일어나게 된다.

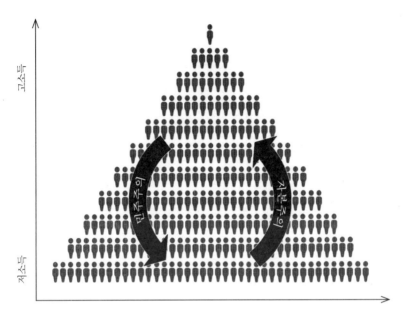

자료15. 소득 피라미드 구조 속에 부의 순환 흐름

이제 이런 새로운 순환 흐름이 다윈의 자유경쟁주의에서 가지는 의미는 무엇인지 생각해 보자. 피라미드 상단에 있는 구성원들의 위치는 더이상 안정적이지 않게 된다. 민주주의 이전의 세상에서 사회 피라미드상단의 구성원들은 자신들의 위치를 보장받으며 임대료를 걷을 수 있었다. 사회, 경제구조도 그들의 위치를 유지시킬 수 있도록 잘 정돈돼 있었다. 하지만 새로운 민주주의 세상에서의 사회구조는 느슨해진다. 누진 과세 시스템으로 인해 피라미드 상단의 위치는 점진적으로 그 토대를 허물게 된다. 이러한 사회구조 재편의 결과로 만약 당신이 사회 지도층에 위치해 그 위치를 고수하고자 한다면, 경쟁을 해야만 하는 것이다. 그로 인

해 사회 피라미드 상단은 경쟁적이고 활기찬 쾌락의 쳇바퀴에 놓이게 된다.

피라미드 하단인 사회 체제 밑단에서는 정부가 많은 돈을 쓰게 되므로 세금 부담이 감소한다. 사회적 제약이 점차 완화되면서 피라미드 구조상 더 높은 곳으로 이동하는 것도 수월해진다. 사회 피라미드 하단에서부터 상당한 경쟁력이 나타나는 것이다. 요약하면, 민주주의와 자본주의의 공조로 만들어진 부의 순환 흐름은 사회 피라미드 구조 내에 속한 모두를 앞으로 나아가기 위해 경쟁하는 궤도에 올려놓게 된다. 전반적으로 소득 혹은 부의 피라미드 구조는 그대로 남게 되지만, 피라미드 안에서는 신분 변동이 발생한다. 경제 시스템의 통화 흐름과 경쟁심 모두 놀랍도록 증가하는 것이다. 이는 결과적으로 경제성장을 이끌게 된다. 남들보다 앞서기 위해 경쟁하며 자기 이익을 추구하는 다원주의자만으로 말이다.

경제성장을 도모하는 쾌락의 쳇바퀴 위에서 사회 전반에 걸쳐 강화하는 부의 순환 흐름은 알프레트 베게너의 대륙이동설과 유사하게 개념화할 수 있다. 대륙이동설은 지하의 순환 대류가 대륙의 지판을 이동시킨다는 학설이다. 순환 성장 모델에서 부의 순환 대류는 경제성장을 이끄는 민주주의와 자본주의의 공조로부터 발생한다.

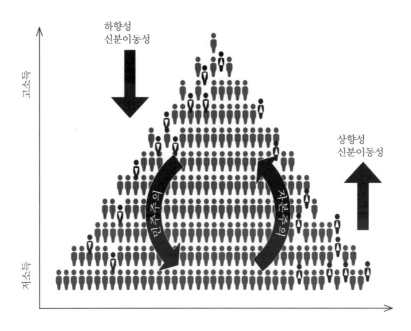

자료16. 신분이동성을 발생시키는 부의 순환 흐름과 강화된 쾌락의 쳇바퀴

경제학의 과학 위기 해결 ─────

경제성장 순환 모델은 상당기간 경제학의 과학 위기 상태를 해소해 왔다. 자본주의가 부의 불균형을 가져왔다고 비판한 좌경학파로부터 유래한 이 모델은 제도학파를 완전히 통합했고, 행동경제학파로부터 제기된 몇몇 이례적인 사안들을 해결했다.

순환 모델은 경제성장, 부와 소득분배, 기업가와 신분이동성 등의 이슈들을 거시경제 분석에 포함하는 데 있어 특별한 방향을 제시한다. 순환 성장 모델은 네 가지의 중요한 대목에서 기존의 주류 경제학이 제안해 왔던 모델들보다 훨씬 과학적이다.

첫째, 공공과 민간 부문 활동을 대등한 관계로 다룬다. 이는 공공 부문과 민간 부문이 비슷한 규모를 보이는 선진국에서 실물경제에 대한 설명을 하고자 하는 합리적인 모델들의 전제조건이다.

둘째, 이 모델은 현재 경제 상황에 대한 묘사이지, 다른 경제 시스템을 받아들이도록 정책 입안자들을 설득하기 위한 도구가 아니다.

셋째, 진화론과 같은 다른 분야들과도 완벽하게 호환이 가능하다.

넷째, 순환 성장의 관점은 역사적인 면에서나 지리적으로 광범위하게 적합한지를 경험적으로 증명하였다. 다시 말해, 이 모델은 왜 서유럽과 북미 지역이 민주화 혁명 이후 경제성장이 일어났으며, 강한 민주주의가 진행되지 않은 다른 지역에서는 경제성장이 시작되지 못했는지에 대하여 설명해 준다.

순환 성장 모델은 경제성장의 필수 동인으로 개인의 자기 이익 추구를 포함하고 있다. 신고전학파의 최적화 패러다임을 다원주의학파의 경쟁적 패러다임으로 대체할 때 역시 경제 내 경쟁은 더욱 중요시된다. 그래서 순환 성장 모델은 성장을 위해 소득분배상의 소득불균형이 존재할 필요를 설명한다. 이는 신고전학파의 극대화 패러다임에는 찾아보기 힘들다. 순환 모델은 나아가 자본주의의 부와 소득이 왜 양극화되는지, 또 여기에 어떤 문제가 있는지를 지적한다.

이 대목에서 순환 성장 모델은 명백하게 양립할 수 없는 두 개념의 조합이라고 볼 수 있다. 경제적 우파와 좌파로부터 나온 주요 견해들이 결합한 것이기 때문이다. 전통적인 우익과 좌파에서 말하는 요점들을 더욱 결합해 하나의 일관성 있는 순환 모델을 만든다면, 경쟁관계에 있는 철학들 간에 더욱 생산적인 논의를 이끌어 낼 수 있을 것이다.

이런 논의의 결과는 공짜로 얻을 수 없다. 정치적으로 우익이나 좌익에 위치한 사람들을 불편하게 하는 결과를 가져 올 수 있기 때문이다. 소위 우파들은 조세 체계에서 적극적인 역할을 부여받는 일은 물론 경제적 진보를 위한 정부의 지출이 탐탁지 않을 것이다. 좌파들도 소득불균형이 경제성장의 기초가 된다는 개념이 달가울 리 없다.

그럼에도 불구하고, 실험적 증거는 경제적 진보가 민간의 소득불균형과 큰 정부와 관련이 있다는 점을 압도적으로 뒷받침한다.

명료한 경제 해부학

정책 당국자의 관점에서, 순환 성장 모델의 가장 매력적인 점 중 한 가지는 경제 전체에 긍정적인 기능들을 정부와 민간 부문에 명쾌히 할당한다는 것이다. 우파에 속한 사람들이 정부 지출과 조세는 경제활동에 방해가 된다고 믿었던 때가 있었다. 그런데 순환 성장 모델은 정부활동에 관해 더욱 정교한 관점을 요구한다. 민간 부문에 더욱 많은 통제가 이뤄져야 한다고 믿는 좌파측 사람들에게도 마찬가지다.

민간 부문의 절세 전략들은 최근 상당한 비판의 대상이 됐다. 다원주의의 경쟁 관점에서 보면, 왜 절세가 필수 불가결한지 확실해진다. 만약 어떤 기업이 절세하지 않기로 하면, 법의 허점을 기꺼이 이용하려는 경쟁자에게 자금력 면에서 밀릴 위험이 커진다. 그것은 도덕적으로 고결한 행위이긴 하지만, 경제적으론 손해만 보는 헛된 결정이 될 것이다. 이러한 이유로, 법의 허점을 이용하는 이들을 비난하는 분노가 민간 부문에 향해서는 안 된다. 그것을 이용하는 자들이 아닌, 법을 만드는 자들에게 향하도록 하는 게 합리적일지 모른다.

순환 흐름 모델은 공공과 민간 부문의 의제가 모두 중요하다고 본다. 서로 어쩔 수 없이 충돌할 수밖에 없는 현실도 명확하게 짚는다. 이렇게 현실과 상충되는 부분의 필요성을 공개적으로 인정해야 서로의 역할과 책임을 더욱 잘 이해할 수 있게 될 것이다.

공공과 민간 부문은 일종의 길항근拮抗筋이다. 다시 말해 이두근과 삼두근을 생각해 보면 이해하는 데 도움이 될 것이다. 만약 이두근이나 삼두근 하나만 가지고 있다면 팔은 제대로 된 역할을 하지 못한다. 기껏해야 별로 쓸모없는 한 가지 행위 정도만 할 수 있을 뿐이다. 하지만 이두근과 삼두근이 반대 부분에서 같이 결합하여 움직인다면 더 복합적인 기능을 수행할 수 있다. 두 근육은 모두 필요하지만 서로 상대 근육의 활동을 방해한다. 이와 비슷하게 순환 성장 모델에서 공공 부문은 민간 부문의 일차적 목표인 사회 피라미드 구조상의 부를 위로 이동시키는 것을 방해한다. 또 민간 부문은 위에서 조성된 부를 다시 밑으로 내려 보내려는 공공 부문의 일차적인 목표를 방해한다. 그러나 장기적인 관점에서 보면 공공 부문과 민간 부문이 같이 공조해 부의 순환 흐름을 유지시켜 경제적 진보 경쟁력을 강화시키는 것을 볼 수 있다.

이러한 의제들이 상충되는 부분을 인지하고 이해하는 것은 정부 부문에 더 명확한 목표 설정을 가능하게 한다. 민간 부문이 영향력을 행사하

는 데 있어서 어느 시점에 작용할지 그렇지 않을지를 가늠할 수 있도록
하여 정책을 개선하는 데 도움을 주는 것이다.

균형 유지

만약 자본주의와 민주주의가 길항근 쌍과 같이 창조적 상충관계라고
한다면, 이 두 근육들의 힘이 불균형이 될 때 어떤 일이 벌어질까.

정부 부문이 과도하게 지배적이 된다면, 세금은 상승하고 기업 활동은
침체될 것이다. 정부의 활동이 경제 전반에 걸쳐 지배하게 됨에 따라, 경
제 시스템은 근본적으로 마르크스주의자들이 말하는 무성장 경제가 될
가능성이 높다. 거꾸로 민주주의의 힘이 약해지고 자본주의만이 판을
친다면, 부가 사회 피라미드 상단에 집중되는 현상이 나타난다. 근본적
으로 봉건 경제체제로 회귀하게 될 것이다. 이런 현상 역시 전반적인 경
제성장에 좋은 형태가 아니다.

이와 같은 사실은 조금만 생각해 봐도 알 수 있는 사실이며 래퍼 곡선
Laffer curve으로도 증명된다. 정부활동이 0%일 때와 100%일 때 두 지점
에선 경제성장이 일어나지 않는다. 경제성장을 극대화하는 정부활동의
범위는 자료17과 같이 0%에서 100% 사이에 존재하는 게 좋다.[68]

비록 완전히 정확하지는 않더라도 이 곡선은 오늘날 우리가 목표하는
세상의 윤곽과 들어맞는다. 가장 성공한 경제들은 대부분 민간 부문과

---

[68] 어떤 독자들은 아마 이와 유사한 래퍼 곡선에 익숙하지 않을지도 모른다. 래퍼 곡선의 주장
에 따르면, 0%의 세율이 아무런 조세 수입을 만들어 내지 못하고 100%의 세율도 아무런
경제활동을 창출하지 못하기 때문에 당연히 정부에 지급할 세금도 만들어 내지 못한다. 따
라서 조세 수입을 극대화하는 조세 수준은 반드시 0%에서 100% 사이에 존재한다. 이 성
장 곡선 역시 유사한 논리를 가지고 있다.

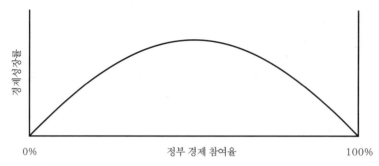

자료17. 정부 경제 참여율과 장기 경제성장률의 관계

공공 부문이 균형을 이루는 중간 진영에 포진해 있다. 반면에 소말리아나 북한과 같이 실패한 국가들은 정부 참여가 너무 없거나 혹은 너무 많은 양쪽 끝부분에 위치하고 있다.

순환 성장과
통화주의 정책 vs 케인지언 정책 ─────

순환 성장 모델은 몇 가지 거시경제정책의 중요한 분야를 명확히 하는 데 도움이 된다. 예를 들면, 순환 모델은 통화정책이 어떻게 경제성장을 활성화시키고 케인지언 정책과는 어떻게 다른지를 생각해보는 데 사용될 수 있다.

일반적으로 민간 부문에서 대출이 발생하면, 부의 피라미드 모형상에서 수직적인 거래가 일어난다. 이는 명백하게도 피라미드 상단에 있는 구성원들이 여분의 돈을 그 밑단에 있는 구성원에게 대출을 해줄 가능성이 높기 때문이다. 일반적으로 사회 피라미드의 위치에 따라서 이자율은 달라진다. 사회 피라미드 하단의 신용위험도는 상단에 비해 높기 때문이다. 다시 말해, 피라미드 하단의 채무 불이행 가능성이 상단에 비해 높다는 의미이며, 따라서 가난한 사람에게 부과되는 이자율이 부유한 사람들에 비하여 더욱 높아지는 이유가 된다. 예를 들어, 영국의 단기 소액 대출 업체인 웡가Wonga는 2013년 기준으로 연이율 5853%[69]를 부과하며 주로 저소득층 가계를 대상으로 하고 있다. (오타가 아니다. 진짜로 오천팔백오십삼%다!) 이와는 대조적으로, 자신의 주택자산을 담보로 할 수 있는 조금 더 부유한 자산가들에게는 연이율 4%보다 약간 낮은 이자로 대출을 받을 수 있다.

부의 불균형과 이자율의 불균형이 존재한다면 사회 피라미드 상단의 구성원은 피라미드 하단에게 대출을 해주는 게 합리적으로 보인다. 이런 일은 실제로 상단의 구성원이 소유하고 있는 은행과 같은 기관이나 시설을 통하여 간접적으로 이루어진다. 차별화된 이자율을 가지고 사회 피라미드 상에서 수직적으로 대출이 일어나는 과정은 민간 부문의 관성에 따른 원리 중 하나라고 볼 수 있다.[70] 부의 흐름이 아래에서 위로 흐르게 하는 분수효과trickle-up effect의 일종이다.

---

69) 2013년 9월 당시

70) 이것이 세계 모든 주요 종교들이 고리 대금업을 금지해 온 이유다. 미국의 담보대출 기관인 패니메이(Fannie Mae, 연방저당협회)와 같은 기관의 존재로 암시적으로 인정하고 있다. 패니메이의 원래 목적은 자본시장이 가난한 사람들에게 과도한 이자율을 부과하는 경향을 저지하기 위한 것이었다. 대출 서비스 비용에 의한 명백한 분수효과 외에도, 기업 활동에 대한 사회 피라미드 내의 금리 격차 또한 생각해 볼 가치가 있다. 모든 벤처 기업의 자립경제는 투자 자본에 대한 이익률과 기업유지 비용 간의 간격에 의존적이기 때문에, 가장 낮은 금리로 자본을 확보하는 기업이 더 많은 이익을 창출하게 된다. 이러한 이유로 더 낮은 금리로 대출이 가능한 사회 피라미드 상단의 구성원들이 하단의 구성원들에 비하여 생존 가능성이 높은 신규 사업을 더욱 쉽게 찾을 수 있게 된다. 감히 장담하건데, 5853% 금리로 대출을 받아야 하는 자들이 자립 가능한 기업 활동은 거의 없을 것이다. 이러한 효과는 자본주의의 본질적인 분수효과의 한 부분이며 이는 순환 성장 모델에서 누진 과세 시스템으로 조절하고 있다.

이제 통화정책이 어떻게 경제활동을 빠르게 활성화시키는지에 대해 알아보자. 이자율이 낮아지면, 신규 대출거래가 급증한다. 이는 돈의 흐름을 대출의 형태로 사회 피라미드 상단에서 하단으로 이동하도록 유도한다. 그리고 그 돈이 사용됨에 따라, 다시 피라미드 상단으로 유입된다. 다시 말해, 늘어난 대출거래는 경제 전반의 통화 순환 흐름을 발생시켜 경기가 활성화되는 것이다. 그런데 이렇게 부채를 연료로 한 경제활동의 증가는 다른 대가를 부른다. 신규 대출로 인해 채무자들은 피라미드 상단으로 꼬박꼬박 이자를 지불해야만 한다. 결국에는 대출금까지 모두 상환해야만 하는데, 이러한 이자 지급과 원금 상환 행위는 원래 정부가 의도했던 통화 흐름과는 반대 방향이다.

경기가 침체되는 국면에 채무가 상환되고 나면 경제활동이 더욱 둔해진다. 반대로 채무가 잔존하는 (미상환) 상태에서 이자가 발생하면 부가 아래에서 위로 이동하는 분수효과가 심해진다. 그렇다고 피라미드 상단의 구성원들이 소득 대비 투자 비율을 줄이게 되면, 이것 역시 경제활동 전반에 걸친 침체를 가져온다.

이러한 이유로 대출을 수단으로 한 경기 부양은 반짝하는 경기 부양만 부를 뿐이다. 장기적으론 침체 국면이 심화된다. 이는 정치인들이 선거 전에는 대출을 장려하는 정책들을 열광적으로 지지하지만 나중엔 태도를 바꾸는 이유이기도 하다.

경제 시스템에서의 통화 순환 흐름을 신체의 혈액순환에 비유해 보자. 민간 부문에 누적된 부채는 경제의 동맥이 좁아지는 경제 협착증을 부른다. 증가하는 부채는 통화 순환 흐름을 감소시켜 경제활동을 둔화시킨다. 경제 협착증은 이런 부채 누적의 과정이 멈출 때 나타난다. 이는 앞서 설명했던 민스키 모멘트의 상태다.

1980년대가 시작된 이후, 미국 연방준비제도이사회가 주도하는 대형 선진국들의 중앙은행들은 민간 부문의 부채 수준을 끌어 올리는 식으로 경기 후퇴를 막으려고 했다. 이러한 정책들은 결과적으로 이자지급이 피라미드 하단에서 상단으로 흐르게 해 엄청난 부의 양극화를 야기했다.

부채가 장기적인 경제활동을 둔화시킨다는 사실은 순환 흐름 모델을 사용하면 쉽게 이해할 수 있다.

먼저 피라미드 하반부의 부채 수준이 극에 달해 모든 소득을 상반부에 이자로 지급해야 할 상황을 가정해 보자. 이 경우에 모든 부는 피라미드 상단으로 흘러들어 가게 된다. 결과적으로 경제 전체의 통화 순환 흐름은 완전히 막혀버리고 경제활동은 멈추게 될 것이다. 사실상 피라미드의 하반부는 상반부의 부채 노예로 전락한다.

정책 당국자들은 부채를 통해 경제활동을 활성화하는 방법은 점점 더 빠져나오기 어려워지는 자기 반복적 정책 실수를 부른다는 점을 알아야 한다. 중장기적으로 소득의 양극화와 미래 경제활동의 침체를 가져오는 부채를 남긴다. 이렇게 다가오는 다른 침체기에 대응하기 위해 또 다시 부양정책을 필요로 하게 된다. 결과적으로 스스로 반복되는 자가 난국의 상태에 빠져버리는 것이다. 결국, 채무 불이행의 확산을 막기 위해 비정상적으로 낮은 금리를 제공하거나 이자 지급률이 감소하는 것을 막기 위해 정부 지출을 높여야 하는 고도로 양극화된 사회가 나타난다. 이는 우리가 처한 경제 상황과 정확히 일치한다.

명백한 사실은 중앙은행들이 민간 부문의 부채 누적을 도모하는 정책을 사용하게 되면 국가 차원에서 미래의 적자를 높인다는 것이다. 부의 양극화가 심화돼 장기적인 경제성장의 기대가 줄어들면서 나타날 수 있는 그림이다.

걱정스럽게도 경제정책을 주도하는 이들은 여전히 높은 부채 수준을 도모하면서 장기적 비용에 대해 깊이 이해하고 있지 않아 보인다.

중앙은행의 금리를 인하하는 방식으로 높은 부채 수준을 도모하는 건 이미 식상하다. 그들은 보다 색다른 부채 활성화 전략을 찾아 나서야 한다. 현재는 양적완화, 선도 금리 처방, 부동산 담보대출에 대한 직접적인 정부보조금, 그리고 통화주의적 전략 중에 가장 치명적인 전략인 학생 대출 등의 모든 부채 활성화 전략이 가동되는 실정이다.

특히 양적완화정책은 통화주의 전략들 중 가장 인기 있는 전략이다. 전 세계의 중앙은행들은 이러한 방식으로 수조 달러를 사용해 왔다. 그런데 효과는 어떠했나. 여기서 또 한 번 순환 성장 모델을 사용해 어떠한 이유로 거대한 자금이 아주 미미한 효과만 달성했는지 이해해 볼 수 있다. 양적완화정책은 민간 부문의 자산에 대한 중앙은행의 매입을 포함하고 있다. 이러한 매매거래는 자산과 신규 발행된 화폐 간 교환에 의해 통화공급을 촉진하게 된다. 중앙은행의 논리에 따르면 이것이 경제활동을 촉진시킬 것이라는 기대를 부른다. 하지만 순환 성장 모델의 견해는 조금 다르다. 중앙은행이 매입한 자산의 소유주들은 주로 사회 피라미드 상단에 위치한 사람들이며, 통화 역시 피라미드 상단의 고소득층으로 향하게 된다. 그런데 그게 그 영역 밖으로 나올 동기가 부족하다. 어떤 면에선 이미 그들이 원하던 바이기도 하다.

양적완화정책으로 생성된 신규 자금의 대부분은 경제활동에 사용되지 않고 시스템 바깥쪽에 몰린 수조 달러치의 통화 혈종과 같이 되어 버린다. 이것이 그동안 통화를 공급해온 양적완화정책이 통화 순환의 속도를 급격히 감소시키고 정책을 통해 얻을 수 있는 이득마저 상쇄시킨 이유다.

케인스식 경기부양정책 역시 순환 흐름 모델을 사용하여 생각해 볼 수 있다. 케인스식 경기부양책은 통화부양정책과는 약간 다른 식으로 이루어진다. 케인스식은 정부가 돈을 빌린 후에 지출하는 방식으로 경기를 활성화하고자 한다. 정부가 지출을 늘리게 되면, 신규 자금의 대부분은 사회 피라미드의 하단으로 투입된다. 이는 신규 자금에 대한 민간 부문의 자발적인 경쟁을 유도하게 된다. 민간 부문은 신규 자금을 이용해 이윤을 창출하게 되고 그로 인한 소득은 사회 피라미드의 윗부분으로 보내지게 된다. 피라미드 하단에 위치한 구성원들은 비교적 소비성향이 강하다. 그래서 통화부양정책보다는 케인스식 부양정책으로 공급된 자금을 지출하려는 경향이 더 크다. 이러한 이유로 케인스식 경기부양책으로 추가 공급된 자금은 순환 시스템에 직접적으로 유입되기 쉽다. 통화부양정책에서는 피라미드 상단 구성원의 대출을 하려는 의지와 피라미드 하단 구성원의 대출을 받으려는 의지가 동시에 충족되어야만 가능한 일이다.

통화부양정책과 마찬가지로 케인스식 경기부양정책에도 단점이 있다.

정부 부양책 역시 높은 부채비율과 채무상환비율의 결과를 가져오기 때문이다. 케인스식 경기부양책에 의한 누적 부채는 정부의 대차대조표에 쌓인다. 언젠가는 채무를 상환해야 하는데, 국민 입장에선 세금으로 갚아야만 하는 것이다. 이전에 다루었듯이 근대 민주주의 사회는 누진세 방식을 따르는 경향이 있다. 따라서 케인스식 경기부양책으로 발생한 이자 지급과 원금 상환은 결국 사회 피라미드 상단의 구성원들에게 큰 부담으로 다가온다. 이렇게 보면 케인스식 경기부양정책은 피라미드 하단에 대한 당장의 통화공급을 만들어 내고, 피라미드의 중간이나 상단으로부터 이후에 회수하는 것이라고 이해할 수 있다. 케인스식 경기부양책이 어떻게 선지출 후 상환방식을 통해 경제 순환 시스템에 작용하는지 쉽게 이해할 수 있는 부분이다. 통화부양정책의 경우 초기의 경제활동 촉진 움직임은 선순환을 이끈다. 그런데 이후 반대 방향으로 경제활동 둔화 흐름이 이어지게 된다.

순환 성장 모델의 관점으로 보면 통화부양정책이나 케인스식 부양정책이 어떤 경우에 더 나은지를 좀 더 직관적으로 이해할 수 있다. 건강했던 경제 상황의 신용도에 갑자기 빨간불이 들어오면 통화부양정책은 대외에 이상적인 도구가 될 수 있다. 신용도가 하락하면 지출과 대출 수준이 급락할 것이다. 이는 곧 경제활동의 급격한 둔화를 부른다. 이때 긴급하고 단기적인 금리 인하는 정상적인 대출 및 지출 수준과 경제활동을 회복하는 데 효과가 있다. 그런데 소기의 목적만 달성했다면 부양정책은 가급적 빨리 중단해야만 한다. 통화부양정책은 극도로 심각한 문제에 대해 단기적인 효과를 가져 오는 유용한 거시경제의 제세동기다. 만약 과도

한 부채와 같은 좀 더 구조적인 문제로 인한 경기 침체라면 통화부양정책은 결국 복합적인 문제를 낳기 때문이다.

극단적인 부채상황에 빠지는 것을 애초에 피하는 행동 방침을 추구해야 하는 것은 분명하다. 하지만 당장 오늘날 우리의 경제문제를 해석하고 해결하는 것이 더 시급하다. 따라서 마지막 장에서는 순환 성장 모델을 현재 경제 상황에 적용하고, 그 모델이 보다 더 정상적인 경제성장 수준을 회복하기 위한 올바른 혼합 정책에 대하여 어떤 점을 시사하는지에 대해 생각해 보겠다.

10

정책적 함의

스팍 박사: "그것은 논리적입니다. 다수의 요구는…."
커크 제독: "소수의 요구보다 앞선다."

〈스타트랙 2: 칸의 분노〉(1982) 중

이제 세계 금융위기의 원인과 이후의 정책 움직임이 경제성장률을 정상수준으로 회복시킬 수 없었던 이유를 설명할 차례다. 나아가 더욱 더 강한 경제성장률을 달성하기 위해 어떠한 정책적 변화가 필요한지 고민해 볼 것이다.

이번 장에서는 미국의 경제 발전에 대하여 기술하려 했지만, 사실 미국과 영국 경제 모두에게 해당하는 내용이다. 미국과 영국의 경제는 최근 수십 년간 상당히 유사한 정책을 따르고 있다. 그 결과, 비슷한 경제적 어려움에 직면해 있다. 또한 이번 장에서 언급되는 많은 주제들은 정도의 차이만 있을 뿐 다른 선진국에도 해당된다.

국내총생산 대비 총 신용금융수단 비율

자료18. 미국 경제 GDP당 전체 신용증권(부채) 잔액의 비율을 보여주는 시계열 표
출처: 연방준비제도이사회 - 미국 상무부 경제분석국

1980년대 중반 미국의 부채는 경제성장률보다 훨씬 빠르게 늘어나기 시작했다. 결국, 국가부채비율(경제 전체 규모에 대한 지표)은 1980년대 중반부터 세계 금융위기가 시작되는 2007년까지 급격히 증가한다.

이와 같은 부채의 증가는 국제적 인플레이션 압력과 1980년대부터 시작된 금융 서비스업에 대한 규제로부터 촉발되었다. 그런데 이후 상황은 완화된다. 일부 중앙은행장들은 인플레이션의 감소가 자신들의 통화정책의 승리라고 꾸준히 주장한다. 반면에 주요 수출국이 된 저임금 개발도상국의 가격 경쟁력 때문에 국제적 인플레이션이 저지되었다고 보는 견해들도 있다.

어찌 됐건 인플레이션 수준이 감소함에 따라, 미국 연방은행과 주요 선진국 시장의 주요 중앙은행들은 1980년대 중반부터 금리를 점진적으로 인하한다(자료19).

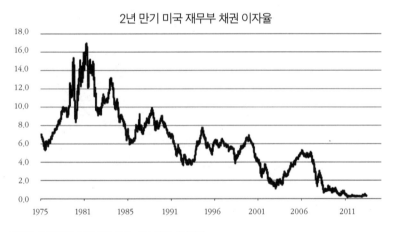

2년 만기 미국 재무부 채권 이자율

자료19. 1980년대 초반부터 금리는 감소하기 시작한다.
출처: 연방준비제도위원회

1980년대 중반부터 가파르게 금리가 인하되었음에도 불구하고, 부채는 빠르게 늘어나고 있었다. 채무상환비율은 세계 금융위기가 시작된 시점과 비교해 볼 때 가처분 가계소득의 10%에서 최고 14%까지 치솟았다

(자료20). 여기서 자료20은 가계 부채 상환 부담의 총합을 보여주고 있다. 하지만 이는 1980년대 최고층의 소득이 그렇지 않은 사람들에 비해 훨씬 가파르게 증가한 반면, 부채는 중산층 이하에서 훨씬 가파르게 상승했다는 사실은 나타나 있지 않다. 때문에 자료20에서만 보면, 자료18에서 보여주고 있는 부채 급등에 따른 전체적인 경제양극화 현상에 대한 내용을 알 수 없다.

2007년 세계 금융위기가 강타한 이후, 연방준비제도는 기준금리를 급격히 인하한다. 채무불이행이 늘어나는 가운데 주택담보대출에 대한 금리가 낮아지자, 미국 가계의 채무상환 부담률은 가처분소득의 10%대로 돌아가게 되었다.

자료20. 가계 가처분소득 대비 채무상환비율
출처: 연방준비제도위원회

세계 금융위기로 인한 경기 불황으로 말미암아, 연방정부는 낮은 조세 수입과 높은 지출이라는 이중고에 시달렸고, 이는 2차 세계대전 이후 최대 적자를 불러오게 된다(자료21).

연방 재정적자가 급증하자 금융위기 직전 60%대였던 연방 부채는
100%대까지 치솟았다(자료22).

GDP 대비 연방정부 재정적자 또는 흑자

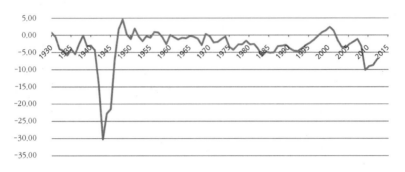

자료21. 미국 연방정부의 GDP 대비 재정적자 비율
출처: 세인트루이스 연방준비은행, 백악관 예산집행부

GDP 대비 미국 총 정부 부채비율

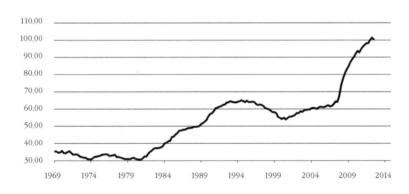

자료22. GDP 대비 정부 부채비율은 1980년대부터 증가하기 시작하여 2007년 금융위기 이후 급등한다.
출처: 세인트루이스 연방준비은행, 백악관 예산 집행부

1980년대 중반, GDP 대비 기업이윤의 비율은 3%대의 낮은 수준에서 사상 최고치인 11%까지 치솟게 된다(자료23). 기업이윤의 증가세는 불규칙적이기는 하지만 확연히 드러나며 같은 기간 내 부채의 증가세도 동시에 일어나고 있다.[71]

GDP 대비 세후 법인이윤 비율

자료23. 기업이윤이 GDP에서 차지하는 비율은 최고치를 기록하게 된다.
출처: 미국연방준비제도이사회, 미국 상무부 경제분석국

여기서 중요한 것은 GDP 대비 부채비율의 팽창, 기업이윤의 급등 그리고 소득 불평등의 심화가 동시에 일어났다는 것이다. 자료24는 미국의 지니계수 변천을 보여 주고 있다. 지니계수는 소득 불평등의 정도를 나타내는 통계학적 지수다. 지니계수가 0이라는 것은 모두가 동등한 소득을 갖게 되는 완전한 소득 평등 사회를 의미하며, 1이라는 것은 한 명이 모든 소득을 취하는 완전한 소득 불평등 사회를 의미한다. 이 척도는 1980년대 중반부터 시작된 변화의 추이를 보여 준다.

---

71) 법인 소득이 법인 지출보다 빠르게 상승하게 되면 부채의 축적은 이득을 증대시키는 역할을 하게 된다. 전체적으로, 만약 노동자가 돈을 빌리게 되면, 노동자들은 지출을 늘릴 수 있게 되고, 기업들은 더 많은 임금을 지불할 필요 없이 더 많은 소득을 노동자들로부터 제공받게 된다.

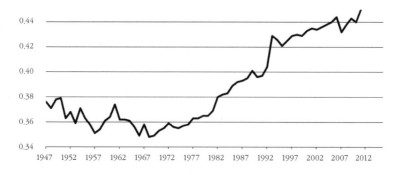

모든 미국 가구에 대한 지니계수

자료24. 심각한 소득 불균형 변화 추이를 보여 주는 미국 지니계수
출처: 미국 상무부 – 인구 조사국

　흥미롭게도, 1980년대 중반부터 시작된 엄청난 레버리지[72]에도 불구하고, 해당기간 동안 미국의 평균 경제성장률은 회복되지 않았다(자료 25). 하지만 경제성장의 변동성은 대체로 1980년대에서 1990년대에 걸쳐 낮아졌다. 이러한 경제 변동성의 약화는 미국 경제의 '대완화기Great Moderation'라고 불리게 된다. 이 기간 동안 연방준비제도이사회의 화폐정책은 경기 침체 극복을 위한 '위기관리 패러다임'을 가지고 있었다. 경제활동이 둔화되거나 둔화될 조짐이 보일 때마다 전술적으로 금리를 낮춤으로써 대출을 유도했고, 이는 결국 자료18에서 보여주고 있는 부채 급증의 요인이 된 것이다.[73]

　2000년대 이후 수년간 미국의 경제성장률은 이전 몇 년간 3.5%에서 4%대로 유지되었던 것이 지속적으로 내리막길을 걷게 되어 연평균 2%대를 밑돌게 된다.

---

72) 기업의 타인자본, 즉 부채 조달 행위 — 역자 주

73) 저자의 예전 책《민스키의 눈으로 본 금융위기의 기원(The Origin of Financial Crises: Central banks, credit bubbles and the efficient market fallacy, 2008)》을 참고하라.

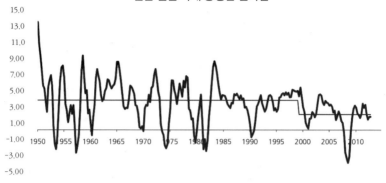

자료25. 미국 연간 GDP 성장률
평균 실질 경제성장률은 1950년부터 1999년까지 3.7%, 2000년부터 2013년까지는 1.9%다.
출처: 미국 상무부 경제 분석국

　일반인들에게 2000년 이후 평균 경제성장률의 미미한 하락이 별로 중
요치 않아 보일 수도 있겠다. 그러나 그동안 시행되었던 확장적 재정정
책과 통화부양정책의 측면에서 고려해 보면 상당히 걱정스러운 상황임
을 알 수 있다. 미미한 수준의 경제성장률은 2007년 이후 GDP 대비 정
부 부채비율이 40%가 상승하고(자료22) GDP 대비 본원 통화율을 네 배
가 넘게 만드는 결과를 가져왔기 때문이다(자료26). 자료22, 25, 그리고 26
을 모두 모아서 보게 되면 아주 심각한 상황이라는 것을 알 수 있다. 정
책 입안자들은 가라앉고 있는 경제의 배를 구하기 위해 있는 힘껏 화폐
를 퍼내고 있지만, 그 배는 점점 더 낮은 곳으로 가라앉는다. 다시 말해,
배 표면 아래에 아주 잘못된 무언가가 있다는 의미이다.

　그와 동시에 미국의 평균 경제성장률은 낮아졌고, 화폐유통의 속도 역
시 느려지기 시작했다(자료27). 자료26과 27을 같이 보면, 미국에 투입된

GDP 대비 본원통화율

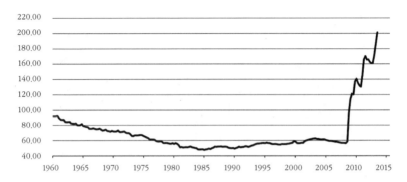

자료26. 미국의 GDP 대비 본원통화
출처: 연방준비제도이사회, 미국 상무부 – 경제 분석국

M2 통화공급 속도(Velocity of M2 Money Stock)[74]

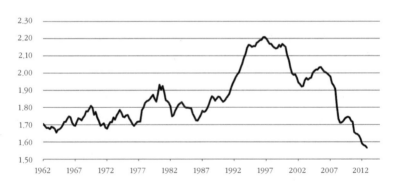

자료27. 미국 내 화폐유통 속도가 최저치를 기록
출처: 세인트 루이스 연방은행

---

74) 통화량을 측정하는 지표로 money의 M자를 따서 M1,M2,M3 등으로 구분한다.

방대한 양의 자금이 점점 더 흐르지 않고 마치 혈종처럼 괴어있게 되었다.

학계에서 주류를 차지하는 신고전학파나 정계에서 주류를 이루는 통화주의학파 모두 두 표의 상관관계를 이해시켜줄 만한 기본 틀을 제공하지 못한다. 이 두 학파 모두 미국 내 소득불균형의 심화, 부채의 증가, 혹은 이것들이 어떻게 경제성장과 연관되어 있는지를 설명해 주지 못하고 있는 것이다.

두 학파의 기본 틀에서는 정부 지출 항목이 결여되어 있기 때문에, 미국 정부회계 상태의 변화와 이와 관련된 정부 부채의 상승에 대한 이해가 부족할 수밖에 없다.

신고전학파는 주로 통화의 역할을 간과하기 때문에 주목할 만한 통화공급표(자료 26)에 대해 별로 말해 줄 수 있는 것이 없다. 통화주의학파라고 특별한 건 아니다. 2007년 이후 전개되는 상황은 통화주의학파의 이론적 테두리를 포괄적으로 반박하고 있다. 막대한 통화공급에도 불구하고 통화주의 낙관론자들의 전망처럼 경제활동이 활발해지지 않았다. 그렇다고 통화주의를 반대하는 학자들의 경고처럼 인플레이션의 급등이 생기지도 않았다(자료28). 이러한 실험적 증거는 통화공급이 경제활동에 미치는 영향은 통화주의자들이 믿고 있던 것보다 덜하다는 것을 말해 준다. 이전 장에 등장했던 화물운송학파가 제안했던 것과 같은 오류가 엿보인다. 인과관계를 잘못 이해한 것일 수 있다는 얘기다. 왕성한 경제활동은 신용을 창조하고 통화공급량을 끌어올린다. 그런데 강력한 통화공급이 경제활동을 끌어올리기 위한 필요조건은 아니다. 이는 심각한 부채 상황에서 특히 들어맞는 얘기다.

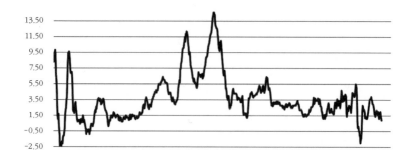

소비자물가지수 연간 변동률

자료28. 통화공급이 급증함에도 불구하고, 인플레이션(자산 가격을 넘어서는 현상)은 여전히 억제되고 있었다.
출처: 미국 노동부 – 노동 통계국

이와는 대조적으로, 모든 표들을 순환 성장 패러다임의 관점에서 보면 퍼즐 조각들이 서로 맞춰지듯이 하나의 간단한 그림이 된다. 1980년대 중반 부채 수준의 상승은 사회 피라미드 하단이 상단에 부채를 지게 되는 비율이 증가함을 의미한다. 이렇게 발생한 부채는 사회 피라미드 하단의 구성원에게 소득 대비 채무상환비율을 늘리게끔 하며, 이는 기업이윤에 훈풍이 불게 한다. 기업이윤의 급증에는 다양한 금융 서비스가 기여해 왔다. 이는 지니계수가 올라가는 결과를 가져오게 된다.

사회 피라미드 상단의 구성원들은 기꺼이 하단의 구성원들에게 대출을 늘리고자 하고, 하단의 구성원들 역시 기꺼이 그 돈을 빌리고자 하는 동안에는 큰 문제가 없어 보인다. 피라미드 상단으로 흘러가는 이자 비용이 다시 신규 대출의 형태로 피라미드 하단으로 스며들어 새로운 소비를 창출할 수 있게 된다. 경제활동은 이러한 순환 구조 방식으로 유지되었지만, 어찌 됐건 끊임없는 부채 증가를 담보로 하고 있는 것이었다. 간

단히 말해서, 거시경제의 폰지형 이자 사기Ponzi scheme로 볼 수 있다.[75]

국제 금융위기가 강타한 2007년, 사회 피라미드 상단과 하단 모두 부채 수준이 감당할 수준 이상이란 걸 깨달음에 따라 대출과 과소비는 멈추게 되었다. 피라미드 하단의 구성원들은 돈을 빌리려는 욕구를 잃어버렸고, 상단의 구성원들도 돈을 빌려줄 동기가 줄어든 것이다. 이러한 부채의 순환 흐름에 경색이 생기자 경제활동은 급격하게 위축되었다.

이러한 시점에서 정부는 인공적으로 순환 구조를 완성하기 위해 적자지출과 통화부양정책을 통해 개입해야만 한다. 이러한 측면에서 막대한 정부적자와 낮은 경제성장률에 대하여 이해해 볼 수 있다. '장기적 침체'는 채무 거품의 피할 수 없는 직접적인 결과다. 지난 세월 지나친 저금리 정책으로부터 기인한 일이지만 정책 방향은 여전하다.

금융위기 이후, 연방준비제도이사회는 거의 0%까지 기준금리를 인하했다. 그런데 채무 과잉 때문에 민간 대출을 다시 활성화하기에는 역부족이었다. 이 부분에서 두 번째 전략이 사용됐다. 양적완화 계획들이 연방정부의 민간 부문 채권을 매입하는 것으로부터 개시됐고, 더불어 경제활동 활성화에 대한 기대와 희망을 안고 민간 부문에 더 많은 통화를 공급한 것이다(자료26).

양적완화의 일환으로 매입한 채권들은 주로 사회 피라미드 상단에 있는 구성원들의 소유였다. 때문에 자금 투입은 사회 피라미드 상단에서 발생되었고, 피라미드 하단의 경제 상황은 여전히 위태로운 상황이었다. 상단의 구성원들에게 신규 자금을 대출에 사용할 의욕적인 움직임은 제한적일 수밖에 없었던 것이다.

---

75) 피라미드식 이자 사기 ─ 역자 주

그 결과, 신규 자금은 의미 있는 경제활동을 도모하지 못한 채 자산 가격 인플레이션으로 빠져나가거나 예금의 형태로 거의 대부분 은행권에 묶여있게 되었다(자료27). 간단히 말해서 양적완화에 의한 자금이 순환 시스템 내의 잘못된 위치에 투입된 것이다. 자금이 피라미드의 하단에 투입되었더라면 하는 아쉬움이 든다.

모든 표들을 좀 더 추상적인 관점에서 바라보게 되면, 이들이 말해 주고 있는 것은 한 가지다. 경제의 부채 수준이 상승하게 되면 부가 사회 피라미드 하단에서 상단으로 이동하는 흐름을 강하게 만든다. 그렇게 되면 반대로 전체적인 경제성장을 이루는 부의 순환 흐름은 약해지게 된다. 이러한 이유로 민간 부문 부채의 축적은 정부의 더 높은 적자 지출을 유도하고, 이것으로 해소되지 않으면 항구적인 경기 침체나 더 높은 과세로 이어지게 되는 것이다. 민주주의혁명 전의 봉건적 경제체계 모형은 사회 최고위층들이 이자와 임차 수입을 기반으로 하위층보다 항상 앞서 나갈 수 있는 구조였다고 할 수 있다. 이렇게 보면 엄청난 부채 부담을 가진 미국 경제는 점차 과거의 경제 시스템으로 회귀하고 있다고 봐도 과언이 아니다. 이러한 새로운 경제 환경을 묘사하기 위해 '부채 노예debt-serfdom'라는 용어가 생겨나는 것은 어쩌면 당연한 일이다.

현재의 이런 건강하지 못한 경제 환경은 지속될 수 없는 적자 지출과 점점 더 효력이 없는 통화정책들로 겨우 생명을 유지하고 있다. 세계 금융위기 후 단기적 성공을 가지고 경제 시스템이 지속적인 성장 궤도로 다시 돌아온 것이라고 잘못 해석해서는 안 된다.

문제점에 대한 진단이 명백해졌다면, 어떻게 해결할지 또한 명백해진다.

헤라클레스의 다섯 번째 과업 ─────

그리스 신화에 따르면, 헤라클레스Hercules는 광기 때문에 자신의 여섯 아들을 죽여서, 이에 대한 죗값을 치르기 위해 12개의 과업을 받았다. 이들 중 5번째 과업은 아우게이아스Augeas의 외양간을 청소하는 것이었다. 그 외양간에서는 엄청난 수의 비정상적으로 건강한 소 떼들이 길러지고 있었고 30년이 넘도록 청소를 하지 않은 상태였다.

헤라클레스는 이 불가능해 보이는 과업을 달성하면 가축의 10%를 가지는 조건으로 하루 만에 청소를 마무리하겠다고 선언했으며, 아우게이아스 왕은 이에 동의했다.

당연히 헤라클레스는 손 하나 더럽히지 않고 하루 만에 성공적으로 외양간을 청소할 수 있었다. (그렇지 않았더라면 전설이 되긴 힘들었을 것이다.) 헤라클레스의 방법은 아주 간단했다. 주변에 있는 알페이오스 강과 페네우스 강을 우회시켜 그 외양간을 지나가게 만들어 외양간 청소 과업을 마칠 수 있었던 것이다.

외양간을 청소해야 하는 문제에 당면했던 헤라클레스와 경제 상황을 청소해야 하는 문제에 당면한 우리의 상황은 비슷하다. 헤라클레스는 30년간 쌓인 우분 더미에 직면했고, 우리는 30년간 쌓여온 부채 더미에 직면해 있다. 헤라클레스는 근처에 있는 두 개의 강을 우회시킴으로써 문제를 해결했고, 우리 역시 통화 흐름을 우회시켜 문제를 해결할 수 있다. 불행하게도 여기서 이 둘의 유사함은 끝이 난다. 우리의 과업은 하루 만에 끝나지 않을 것이고 손 하나 더럽히지 않고 완수할 수 있는 것도 아니기 때문이다.

더 이상 문제를 만들지 마라

헤라클레스는 첫째로 더 이상 자신의 문제가 추가되는 것을 막기 위해 가축들을 아우게이아스의 외양간에서 나오게 했다. 이와 유사하게 우리의 첫 번째 공격 전선은 정부 정책들 중에 향후 추가적인 부채를 양산할 만한 정책들을 알아내고 해당 정책들을 멈추는 것이다.

순환 성장 관점에서 특히 위험해 보이는 신규 차입 중 하나는 최근 급격하게 늘고 있는 학생 부채다. 연방준비위원회의 월간 소비자 신용 조사서에 따르면, 2008년에 7310억 달러였던 미국의 학자금 대출은 2013년 3분기에는 1조 2140억 달러로 상승하게 된다. 5년도 되지 않아 66%나 증가한 것이다. 같은 기간 자동차 대출은 7770억 달러에서 8610억 달러로 약 11% 정도만 상승했다.

수백만 달러에 달하는 연방정부의 학자금 대출

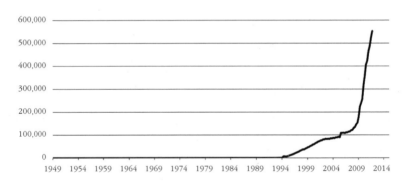

자료29. 미국 학생 부채의 급격한 증가
출처 : 미국연방준비제도이사회

순환 성장 관점에서 볼 때 등록금 폭등으로 촉진된 것으로 보이는 학생 부채 축적은 특히나 문제다. 우선, 학생 부채의 상환이라는 것은 마치 갓 졸업한 학생에게 더 높은 한계세액을 부과하는 것과 같다. 이는 과세 제도를 퇴보시키는 것과 같이 성장 동력 순환 흐름을 약화시킨다. 나아가 높은 한계세액은 젊은 졸업생들이 자신들의 커리어를 만들고 가족을 꾸리려 하는 시점에 문제를 일으킬 것이다.

둘째로, 교육과정의 일부고 높은 부채를 감수해야 한다고 생각하는 것은 이미 사회 피라미드 구조상 하단에 위치한 구성원의 교육 시스템 진입에 장애만 될 수 있다. 이러한 이유로 급격한 등록금의 인상은 경제 시스템 안에서의 사회 이동성, 또 그와 연관된 경쟁력을 장기적으로 둔화시키게 될 것이다. 따라서 학생 부채 1달러는 순환 성장 엔진에 최소한 2달러 이상의 피해를 준다고 하는 것은 지나친 말이 아니다.

사회적으로 부의 재순환이 필요하다고 본다면 사회 전체를 통틀어 교육이 제공하는 것 이상의 경제적 이득을 가져다줄 수 있는 채널을 찾아보기 힘들다. 학생 부채 증가에 따른 영향에 대한 세인트루이스 연방은행의 최근 연구에서는 다음과 같이 끝을 맺는다.

"우리의 연구 결과들은 확정적이지는 않다. 하지만 학교 재정을 학자금 대출에 의존하고 있는 우리의 고등 교육시스템이 미국 경제에서 평등권을 보장하는 위대한 시스템 중 하나로서의 입지를 유지할 수 있을지 의문이다." (엘리엇 外, 2013)

우리는 우리 아이들을 부채 노예의 덫에 가두어 버리는 장치로서 교육을 사용할 때의 미래비용에 대해 깊게 생각해 봐야 한다. 정보 혁명으로 말미암아 매우 효과적인 지식의 보급이 가능한 상황에서, 교육비용이 돌연 더 비싸진다는 것은 비정상적으로 보인다.

대학 등록금은 소비할 수 있는 돈의 양만큼 항상 늘어날 것이다. 여기엔 규제가 필요하다. 만약 정부가 책임을 회피하고 그저 학자금 대출 보증을 통해 등록금 급등을 촉진만 한다면, 대학들은 그저 등록금을 더 높임으로써 더 많은 학자금 대출을 유도할 것이다. 간단히 말해 또 하나의 자발적 난국의 상태가 되는 것이다.

잠깐 영국의 경제로 넘어가 보자.

얼마 전 영국 또한 별로 도움이 될 것 같지 않아 보이는 정책을 하나 내놓았다. 바로 주택구매지원 정책Help-to-Buy scheme이다. 이 정책 아래 영국정부는 60만 파운드 이하 주택 구매자에 대해 구매가의 20%까지 지원해준다. 공식적으로는 국민들이 주택 구입을 위한 사다리에 오르는 것을 도와주기 위한 방안이다. 분명 단기적으로는 이 정책이 일시적인 효과가 있는 처방이 될 것이다. 하지만 장기적인 부작용은 결코 무시할 수 없다.

만약 주택 가격이 비정상적으로 낮고 이자율은 비정상적으로 높은 상황이라면, 정책은 거시경제적인 관점에서 어느 정도는 타당해 보인다. 대공황의 여파로 미국 정부는 저소득층의 주택구입 신용 대출을 돕기 위해 연방저당권협회, 일명 패니메이the Federal National Mortgage Association; Fannie Mae를 설립했다. 설립 당시에는 경기 침체가 만연한 상황에 알맞은 제도였다. 이 제도가 엇나간 것은 1990년대의 주택공급 호황이 2000

년대에 터지기 직전의 거품으로 돌아왔던 때였다. 연방저당권협회는 주택거품 속에서도 위험할 정도로 무분별하게 대출을 늘렸고, 결국 오늘날 경제문제의 근본 원인이 된 신용 거품을 만드는 데 일조하게 된다. 다시 말해, 연방저당권협회는 경제 대공황을 해결함과 동시에 경제 대침체를 일으키는 원인이 된 것이다.

담보대출을 지원할 목적의 정부 신용 대출은 의미 있는 도구가 될 수는 있다. 그런데 그 효과는 전적으로 당시의 경제 상황에 달려있다. 영국의 주택 가격은 이미 상승한 상태고, 부채 수준 또한 높으며 이자율은 비정상적으로 낮은 상태다. 이런 상황에 영국 정부가 더 높은 주택 가격과 더 많은 대출을 장려하는 것은 분명 현명한 행동 방침은 아니다. 모든 상황을 고려했을 때, 더 현명한 방법은 돈의 흐름을 주택 공급을 지원하는 쪽으로 생각하는 것이다. 주택 사다리에 오르지 못하고 있는 사람들에게 더 많은 담보대출을 지원해 주는 것보다는 낮은 가격에 주택을 공급하는 게 더 도움이 될 것이다.

등록금 인상과 주택구매지원 정책 간에는 분명한 장기적 긴장상태가 존재한다. 높은 학자금 부채를 안고 있는 학생들이 사회에 나오면, 높아진 주택 가격과 학자금 대출 상환이라는 문제를 함께 맞닥뜨리게 될 것이다. 상황은 다음 졸업생 세대로 갈수록 악화된다. 주택 사다리에 올라갈 수 있도록 도와줄 정부지원은 점점 더 많이 필요할 것이다. 서로 조화를 이루지 못하는 학자금 대출 촉진 정책과 정부 저당 대출 보조금 촉진 정책은 또 다른 자발적 난국으로 이어질 가능성이 크다.

'가장 첫 번째로, 해를 끼치지 말라first do no harm'는 구절은 사람들이 보통 알고 있는 것과는 달리, 히포크라테스 선언문에 포함돼 있지 않다. 하지만 거시경제정책, 특히 통화정책과 관련한 모든 사람들에게는 아주 훌륭한 구절이 될 것이다. 심각한 부채에 시달리고 있는 경제를 살리기 위한 첫 번째 대책은 무심코 불필요하게 높은 수준의 부채를 만들게 되는 모든 방면의 정책을 재고하는 것이다.

통화의 흐름을 바꾸어라

순환 성장 구조의 관점에서, 양적완화 기간이 연장되는 일은 무의미함과 해로움의 중간쯤에 놓여있다. 만약 경제 시스템의 부채 수준이 더 늘어나게 된다면, 언젠가 역풍을 맞을 것이 분명하다.

양적완화 정책의 일환으로 자산 소유자들이 자산을 매각하게 하는 일은 하나의 자산인 채권을 또 다른 형태의 자산인 현찰로 교환하는 식이다. 만약 그러한 자산의 교환이 공정한 가격에 이루어진다면, 민간 부문에서 부의 순상승은 존재하지 않는다. 이 경우 양적완화 정책은 무용지물과 같다.

반대로 정부의 매입이 가격의 상승을 가져온다면, 자산을 소유하고 있던 사람들은 최대한 높은 가격에서 이익을 챙기려 할 것이다. 중앙은행이 이러한 자산을 매입하기 위한 비용을 기꺼이 지급한다면 부를 공공에서 민간 부문으로 이끌 수 있다. 예를 들면, 실제 100달러의 가치를 가진 채권을 110달러에 지불하는 것이다. 이러한 부의 이동은 경우에 따라서는 경제적으로 충분히 정당화될 수 있다.

그러나 미처 고려하지 못한 부분이 있다. 바로 정책들이 집행될 때의 세부적인 상황이다. 매입할 자산의 소유자가 대부분 사회 피라미드 상단의 구성원이라면 중앙은행이 자산매입에 초과지급 함으로써 얻은 이득은 공공 부문의 부가 민간 부문에서 가장 부유한 구성원들로 이동한다. 이렇게 될 때 부는 제대로 순환하지 못한다. 정부가 조세를 통해 그동안의 재정 적자분까지 보충하려 들면 문제는 더 심해진다. 누진세율이 적용되더라도 사회 피라미드 전반에 걸쳐 세금을 더 많이 걷게 될 수밖에 없기 때문이다. 따라서 전반적으로는 부의 이동이 중앙에서 피라미드 상단으로 향하는 효과가 생기게 된다. 다시 말해서, 바람직한 부의 순환 흐름과는 반대로 흐르게 될 가능성이 있는 것이다.

역대 최고치인 지니계수, 그리고 부유층들이 정부지원금에 대한 큰 유용함을 느끼지 못한다는 사실을 보여 주는 화폐유통 속도를 감안한다면, 정부지원금을 사회 피라미드 상단으로 투입하는 것은 적절하지 않아 보인다. 양적완화 정책은 지금까지 잘못된 방향으로 향하고 있었다. 최근 정책들이 긍정적인 역할보다는 부정적인 역할을 하고 있다는 말이다.

통화부양정책과 케인스식 경기부양정책들은 최근 수십 년간 과용돼 왔다. 그럼에도 불구하고, 우리는 과거 실수들이 남긴 유산들을 처리함과 동시에 현 경제 상황에 가장 알맞은 전략을 구상해야만 한다. 그렇다고 정부개입을 통한 경제촉진 정책을 그만두는 것도 어리석은 일이다.

중앙은행으로부터 시작되는 통화의 흐름을 사회 피라미드 상단이 아닌 하단으로 흘러가도록 조정하면 된다. 중앙은행은 민간 자산의 매입을 중단하고, 대신 고용창출을 위한 기간시설 투자 사업을 지원할 채권을 매입하는 방안을 제안한다. (자료31은 많은 수의 사람들이 실업 상태임을 보여준다.) 다시 말해, 통화부양정책에서 케인스식 경기부양정책으로 옮겨가야 한다는 것이다.

다행히 케인스식 경기부양책은 현재의 양적완화계획의 대안으로서 좀 더 설득력을 얻어가고 있다. 그렇다고 이 부양정책이 만능은 아니다. 초반에만 과감히 적용하고, 적절한 시점에 규모를 줄여야 한다.

다시 한 번, 혈액순환 체계와 통화 순환 체계 간 아주 유용한 유사한 점을 발견할 수 있다. 혈액순환 체계에서 몸에 생기를 불어 넣는 혈액은 간에서 신선한 산소를 공급받은 혈류다. 통화 순환 체계로 보자면 경기를 활성화시키는 통화는 사회 피라미드 하단에서 발생되는 것이다. 이와 같은 관점에서 보았을 때, 케인스식 경기부양정책은 산소를 머금은 유용한 통화를 경제에 공급하는 일이라고 할 수 있다. 양적완화는 경제라는 신체에 산소가 부족한 돈을 공급하는 것과 같다.

국가 재정의 흐름을 바꾸어라

마지막으로는 좋든 싫든 피할 수 없는 주제인 조세 정책에 손을 댈 필요가 있다. 현재 경제 상황을 요약하자면 다음과 같다. 고용 수준은 낮고, 임금상승률은 장기간 정체되어 있으며(자료30), 부채 수준은 높고, 부의 편중 현상도 심각하다. 또한 자산 이익에서의 기업이윤 비율은 매우 높다. 이 모든 상황에 대해 순환 성장 모델이 던지는 메시지는 아주 명확하다. 근로세율은 현재보다 더 낮추고, 자본세율, 특히 양도 소득이나 기업이윤 그리고 임차료와 이자에 의한 소득 등에 대한 세금을 현재보다 더 높여야 한다는 것이다.

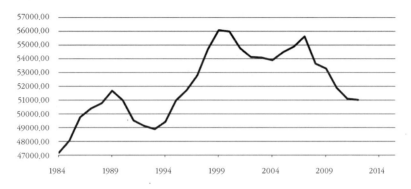

미국의 실질중위 가계소득

이런 방안엔 언제나 그럴듯한 반론이 따른다.

투자 심리를 막아 기업가들의 반발을 야기한다는 것이다. 이와 관련하여 논평할 수 있는 적임자를 가정한다면, 워런 버핏Warren Buffett일 것이다. 그는 이렇게 말했다.

"자본이익률이나 경상이익률만 오른다면, 부자들은 파업을 하면서 그저 자금을 침대 매트리스 밑에 꾸겨 넣지는 않을 것이다. 나도 그렇지만 최고 부유층들은 영원히 투자할 기회를 찾을 것이기 때문이다."

(버핏, 2012)

임금에 대한 높은 과세가 노동자의 의욕을 저해할 것이라는 의견은 있지만 아직 그런 경우는 거의 일어난 적이 없다. 그렇지만 고용률(자료31)

혹은 노동 시장 참여율(자료32)을 보면 가능성을 전혀 배제하긴 힘들다.

사회 전반에 걸친 쾌락의 쳇바퀴를 돌리는 순환 성장 모델의 관점으로 돌아와서 생각해 보면, 사회 피라미드 상부는 너무 느리게 돌고 하부는 너무 빠르게 돈다고 보는 게 맞아 보인다. 피라미드 상위에 있는 구성원

민간 고용 비율

자료31. 금융위기 이후 고용률을 회복하지 못하고 있다.
출처: 미국 노동부 – 노동 통계국

미국 15세 이상 74세 이하 노동 참여율

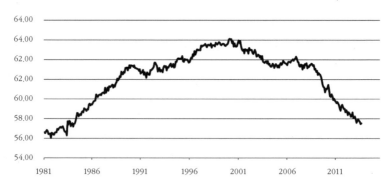

자료32. 2000년 이후, 노동 시장 참여율은 꾸준히 떨어지고 있다.
출처: 경제 협력 개발 기구

들은 더욱 좋은 상황이 되어 가는 반면에 하위의 구성원들은 에너지가 너무 빨리 소진되어 버리는 것이다.

요약하면, 순환 성장 모델은 장기적 침체에 대한 세 갈래의 해결책을 제시한다.

1. 민간 부문의 부채 축적을 도모하는 정책들을 중단하라.

2. 통화부양정책에서 케인스식 경기부양정책으로 바꿔라.

3. 노동 관련 세금의 부담을 줄이고, 자본세의 비율을 늘려라.

이 모든 정책들의 조합은 새로운 지출에서 상당 부분을 순환 체계, 특히 사회 피라미드 하단에 불어넣을 것이다. 이에 따라 사회 피라미드 상단의 활발한 경쟁 활동을 유도할 수 있다. 또한 시간이 흐름에 따라 점진적으로 디레버리지deleverage[75]하려는 움직임이 생겨나고 경제 상황은 좀 더 균형 잡힌 상황으로 돌아가게 될 것이다. 디레버리지 과정이 생겨나기 시작하면, 민간 부문에 있는 부의 편중 현상은 줄어들 것이고, 동시에 적자 지출과 높은 세금의 필요성도 감소하게 될 것이다.

혼합 정책은 장기적인 디레버리지를 통하여 순환 성장 엔진이 통화부양정책이나 케인스식 경기부양정책 없이 경제활동을 유지할 수 있는 정상적인 경제 상황을 만들 수 있다. 그러나 만약 정책 당국자들이 단순히 디레버리지의 촉진 과정도 세금 부담의 재조정도 없는 케인스식 경기부양책을 추가한다면 문제가 더욱 심각해진다. 경제 불균형이 축적돼 더

---

75) 차압수준을 줄이는 행위 — 역자 주

큰 규모의 경제 붕괴가 생길 가능성이 커지기 때문이다.

대안은 있는가

전통적으로 신고전학파는 우리 사회가 독립적이면서 합리적인 판단을 하는 개개인의 집합으로 이루어졌다고 보고 있다. 이러한 접근은 현실을 설명하는 데 부족하다. 특히 비합리적인 경쟁 행위나 단체 행위를 이해하는 데 방해가 된다. 또한 이러한 관점은 정부가 실질적으로 경제에 참여하는 부분을 무시한다. 게다가 왜 어떠한 경제는 성공했고, 다른 경제는 그렇게 하지 못했는가에 대한 설명도 하지 못한다. 경제 시스템 안에서 부채가 어떤 작용을 하는지 분석할 수 있는 도구조차 제시하지 않는다. 그렇기 때문에 현재의 경제 위기 상황을 이해하기 위한 과학적인 토대가 될 수 없는 것이다.

비합리적인 경제 상황을 과학적으로 설명하기는 쉽지 않다. 이런 이유로 더 나은 경제 시스템을 고민해 볼 수도 있겠다. 하지만 경제학이 일종의 과학이라면 가장 먼저 현실의 경제체계를 이해하고 설명해야 한다. 정부의 존재를 부정하고 시장은 완벽하며 그 안에 사람들은 기계적으로 행동한다는 상상으론 부족하다. 대안경제와 같은 추상적인 모델을 세움으로써 끝나는 작업이 아니기 때문이다.

경쟁하고 갈등하는 여러 경제사상이나 경제학자들 간의 양립할 수 없는 의견과 이론적 충돌 그리고 모순되는 정책 조언들은 주류 경제학의 약점을 드러내는데, 이것은 '과학적' 경제학 전체에 경종을 울린다. 과학적 위기 상태인 것이다.

만약 그렇다면, 정말로 토머스 쿤이 묘사한 것과 같은 과학 위기의 상태라면, 그곳에서 빠져나올 방법을 찾을 수 있다는 희망이 있다. 경제학 밖에서 다른 분야들을 과학의 영역으로 끌어들였던 방법들을 경제에 적용하는 것이다. 우리의 경제 상황을 다른 논리로 상상해 볼 용기를 내 본다면 훨씬 이해하기 쉬운 그림을 그릴 수 있다.

필자가 제시하는 그림은 사회적 부의 순환 흐름에 의해 만들어지는 경제성장을 말한다. 이 모델에서 민간 부문의 경제활동에 의해 부는 사회 피라미드의 하부에서 상부로 움직인다. 여기서 끝나는 게 아니라 공공 부문의 경제활동이 상위의 부를 아래로 끌어내린다. 결국 부가 재순환하게 되는 것이다. 이와 같은 관점은 민간 부문과 공공 부문의 현안에서 일어나는 충돌을 중재할 수 있다. 공공 부문과 민간 부문은 겉으로 볼 때 서로 대립되지만, 큰 그림에선 부의 창출을 위해 상호보완하는 창조적 대립이다. 이들이 마치 이두근과 삼두근처럼 양쪽에서 서로 균형을 맞추어야만 경제성장을 위한 쾌락의 쳇바퀴를 돌릴 수 있다.

필자는 이 모델이 완벽하다고는 보지 않는다. 하지만 적어도 주류 경제학에 제안하는 하나의 대안이 될 수 있다고 본다. 순환 성장 모델은 경제가 어떻게 움직이며 최적의 경제는 어떻게 조성돼야 하는지에 대해서도 다른 결론을 이끌어 낸다.

민주 자본주의는 이기심이라는 인간의 나쁜 속성을 관리하면서 경쟁 심리의 좋은 면을 잘 활용할 수 있게 하는 도구다. 인류가 이렇게 좋은 제도를 만났다는 사실은 분명 축하해야 하는 사실이다. 그런데 제대로 활용하지 않으면 소용없다. 민간 부문과 공공 부문 간의 균형엔 노력이 필요하다. 이 균형은 자연적으로 발생하는 상황이 아니다. 타고난 다원주의적인 본성에 따라 자신의 이익을 위해 경제체계의 균형을 깨뜨리려는 자들이 생겨날 것이기 때문이다.

순환이라는 이 책의 주제에 입각하여, 나는 서두에서 사용한 인용문의 확장된 버전을 가지고 끝맺음을 하려 한다. 다음은 프란시스 베이컨의 에세이 《선동과 반란에 관하여Of Seditions and Troubles》에서 발췌한 것이다. 이 표현을 보면 경제학이란 이미 알려진 것 이외에는 아무것도 말해 주지 못한다는 사실을 알 수 있다. 프란시스 베이컨은 실제로 윌리엄 셰익스피어가 아니었지만, 경제학에 대해서 상당히 타고난 감각으로 명문名文을 남길 수 있었다.

"돈과 보물에 대한 좋은 정책이란 무엇보다도 특정 몇몇에게 집중되도록 하는 것이 아닌 널리 쓰이게 만드는 것이다. 그렇지 않다면 재고는 많이 쌓여있지만, 그 곁에서는 굶주리게 되는 사태가 발생할 것이다. 돈은 거름과 같아서, 뿌려지지 않으면 쓸모가 없다. 이를 위해서는 무분별한 고리대금업을 억제해야 하며, 그렇지 못하더라도 그들에 대해 최소한의 고삐를 쥐고 있어야만 한다." (프란시스 베이컨)

자료

금융위기 이후 급등한다.

자료23. 기업이익이 GDP에서 차지하는 비율은 최고치를 기록하게 된다.

자료24. 심각한 소득 불균형 변화 추이를 보여 주는 미국 지니계수

자료25. 미국 연간 GDP 성장률

자료26. 미국의 GDP 대비 본원통화

자료27. 미국 내 화폐유통 속도가 최저치를 기록

자료28. 통화공급이 급증함에도 불구하고, 인플레이션(자산 가격을 넘어서는 현상)은 여전히 억제되고 있었다.

자료29. 미국 학생 부채의 급격한 증가

자료30. 미국은 10년간 실 급여 수준이 하락해 왔다.

자료31. 금융위기 이후 고용률을 회복하지 못하고 있다.

자료32. 2000년 이후, 노동 시장 참여율은 꾸준히 떨어지고 있다.

참고문헌

Arnsperger, C., Varoufakis, Y. (2006). 'What Is Neoclassical Economics?', *Panoeconomicus*, 53, no. 1: 5–18 (Belgrade)

Bacon, F. (1625). 'Of Seditions and Troubles', *Essays* (London)

Bernanke, B. (2004). 'The Great Moderation', Meeting of the Eastern Economic Association (Washington DC)

Blanchard, O. J. (2008). 'The State of Macro', *Massachusetts Institute of Technology Department of Economics Working Paper Series*: 08–17 (Cambridge, Massachusetts)

Buffett, W. (25 November 2012). 'A Minimum Tax for the Wealthy', *New York Times* (New York)

Chambers, R. (1844). *Vestiges of the Natural History of Creation* (John Churchill, London)

Cooper, G. (2008). *The Origin of Financial Crises: Central banks, credit bubbles and the efficient market fallacy* (Harrima House, Petersfield)

Darwin, C. (1859). *On The Origin of Species by Means of Natural Selection, or the Preservation of Favoured Races in the Struggle for Life* (John Murray, London)

Desmond, A., Moore, J. (1991). *Darwin: The Life of a Tormented Evolutionist* (Michael Joseph, London)

Elliott, W., Nam, I. (2013). 'Is Student Debt Jeopardizing the Short-Term Financial Health of U.S. Households?', *Federal Reserve Bank of St. Louis Review* (St Louis)

Ernst Fehr, S. G. (2000). 'Cooperation and Punishment in Public Goods Experiments', *American Economic Review*, 90, no. 4: 980–994 (Pittsburgh)

Hayek, F. A. (1944). *The Road To Serfdom* (Routledge Press, London)

Federal Reserve (September 2013). Consumer Credit Release, G 19

(Washington DC)

Fisher, I. (1933). 'The Debt-Deflation Theory of Great Depressions', *Econometrica*, 1, no. 4: 338–357 (New York)

Frank, R. H. (2011). *The Darwin Economy: Liberty, Competition and the Common Good* (Princeton University Press, Princeton)

Friedman, M. (1962). 'The Relation Between Economic Freedom and Political Freedom', in Boaz, D. (ed.) (1997), *The Libertarian Reader: Classic and Contemporary Readings from Lao-Tzu to Milton Friedman*: 292 (The Free Press, New York)

Greenspan, A. (2005). Remarks by Chairman Alan Greenspan at the Adam Smith Memorial Lecture (Kirkcaldy, Scotland)

Gregory, A. (2001). *Harvey's Heart: The Discovery of Blood Circulation* (Icon Books, Cambridge)

Herndon, T., Ash, M., Pollin, R. (2013). 'Does High Public Debt Consistently Stifle Economic Growth? A Critique of Reinhart and Rogoff', Political Economy Research Institute (University of Massachusetts Amherst)

Keynes, J. M. (1926). *The End of Laissez-Faire* (Hogarth Press, London)

Keynes, J. M. (1936). *The General Theory of Employment, Interest and Money* (Palgrave, London)

Kocherlakota, N. (2010). 'Modern Macroeconomic Models as Tools for Economic Policy', *Banking and Policy Issues Magazine*, Federal Reserve Bank of Minneapolis (Minneapolis)

Krugman, P. (6 September 2009). 'How Did Economists Gt it so Wrong?', *New York Times* (New York)

Krugman, P. (18 April 2013). 'The Excel Depression', *New York Times* (New York)

Kuhn, T. S. (1957). *The Copernican Revolution: Planetary Astronomy in the Development of Western Thought*, Harvard University Press (Cambridge, Massachusetts)

Kuhn, T. S. (1962). *The Structure of Scientific Revolutions* (University of Chicago Press, Chicago)

Lazear, E. (2000). 'Economic Imperialism', *The Quarterly Journal of Economics*, 115, no. 1: 99–146 (Cambridge, Massachusetts)

Lenin, V. I. (1913). 'The Three Sources and Three Components of Marxism', in Wisar, L. A. (ed.) (1970), *Karl Marx and Frederick Engels: Selected Works in One Volume*: 23–27 (Lawrence & Wishart, London)

Halperin, M., Siegle, J. T., Weinstein, M. M. (2004). *The Democracy Advantage: How Democracies Promote Prosperity and Peace* (Routledge, London)

Marx, K. (1867). *Capital: Critique of Political Economy*, 1 (Verlag von Otto Meisner, Hamburg)

Minsky, H. P. (1986). *Stabilizing an Unstable Economy* (Yale University Press, New Haven)

Murray, C. (2012). *Coming Apart: The State of White America*, 1960–2010 (Random House, New York)

Nietzsche, F. (1889). *Twilight of the Idols, or, How to Philosophize with a Hammer* (Leipzig)

Oreskes, N. (1999). *The Rejection of Continental Drift: Theory and Method in American Earth Science* (Oxford University Press, New York)

Piketty, T., Saez, E. (2012). 'Top Incomes and the Great Recession: Recent Evolutions and Policy Implications', 13th Jacque Polak Annual Research Conference (Washington DC)

Reinhart, C., Rogoff, K. (2009). *This Time Is Different: Eight Centuries of Financial Folly* (Princeton University Press, Princeton)

Repcheck, J. (2009). *Copernicus' Secret: How the Scientific Revolution Began* (JR Books, London)

Saez, E. (2013). 'Striking it Richer: The Evolution of Top Incomes in the United States' (updated with 2012 preliminary estimates), (UC Berkeley)

Siegle, J. T., Weinstein, M. M., Halperin, M. H. (2004). 'Why Democracies Excel', *Foreign Affairs* (New York)

Skousen, M. (2005). *Vienna & Chicago: Friends or Foes?: A Tale of Two Schools of Free-Market* (Capital Press)

Smith, A. (1776). *An Inquiry Into the Nature and Causes of the Wealth of Nations* (W. Strahan and T. Cadell, London)

Smith, D. (1987). *The Rise and Fall of Monetarism: The theory and politics of an economic experiment* (Penguin, London)

Stigler, G. J. (1976). 'The Successes and Failures of Professor Smith', *Journal of Political Economy*, 84, no. 6: 1199–1212 (University of Chicago Press, Chicago)

Stiglitz, J. E. (2012). *The Price of Inequality: How Today's Divided Society Endangers Our Future* (W. W. Norton, New York)

Syed, M. (2010). *Bounce: Mozart Federer, Picasso, Beckham, and the Science of Success* (Harper, New York)

Veblen, T. (1898). 'Why is Economics Not an Evolutionary Science?', *Quarterly Journal of Economics*, 12, no. 4: 373–397 (Cambridge, Massachusetts)

Wood, R. M. (1985). *The Dark Side of the Earth* (HarperCollins, London)

Wright, T. (2012). *Circulation: William Harvey's Revolutionary Idea* (Chatto & Windus, London)